从零开始学
项目管理

章豪 徐捷◎编著

清华大学出版社
北 京

内 容 简 介

本书共 12 章内容，其中包括 200 多张图解，从零开始深度剖析项目管理知识，主要包括项目管理基础知识、管理工具、整体管理、范围管理、时间管理、成本管理、质量管理、沟通管理、风险管理、采购管理、人力资源管理和案例分析。本书分 3 条线对项目管理进行了全面系统的介绍。第一条线是"知识"线：详细介绍了项目管理的五大过程、四大模型以及项目管理过程中常用的管理工具。第二条线是"内容"线：详细介绍了项目管理的知识领域，分别是项目整体管理、项目范围管理、项目时间管理、项目成本管理、项目质量管理、项目沟通管理、项目风险管理、项目采购管理、项目人力资源管理。第三条线是"应用"线：详细介绍了项目管理在通信行业、科研制造业和地产行业中的应用，帮助读者提升项目管理水平。

本书逻辑架构清晰明了，是项目管理的入门指南，适合从事项目管理行业的相关人员以及对项目管理感兴趣的相关人士阅读收藏。

本书封面贴有清华大学出版社防伪标签，无标签者不得销售。
版权所有，侵权必究。举报：010-62782989，beiqinquan@tup.tsinghua.edu.cn。

图书在版编目(CIP)数据

从零开始学项目管理/章豪，徐捷编著. —北京：清华大学出版社，2023.5
ISBN 978-7-302-63512-3

Ⅰ.①从… Ⅱ.①章… ②徐… Ⅲ.①项目管理 Ⅳ.①F224.5

中国国家版本馆 CIP 数据核字(2023)第 085349 号

责任编辑：张 瑜
装帧设计：杨玉兰
责任校对：么丽娟
责任印制：沈 露

出版发行：清华大学出版社
    网　　址：http://www.tup.com.cn, http://www.wqbook.com
    地　　址：北京清华大学学研大厦 A 座　　邮　编：100084
    社 总 机：010-83470000　　　　　　　　邮　购：010-62786544
    投稿与读者服务：010-62776969，c-service@tup.tsinghua.edu.cn
    质量反馈：010-62772015，zhiliang@tup.tsinghua.edu.cn
印 装 者：天津鑫丰华印务有限公司
经　　销：全国新华书店
开　　本：170mm×240mm　　印　张：14.5　　字　数：278 千字
版　　次：2023 年 7 月第 1 版　　　　　　　印　次：2023 年 7 月第 1 次印刷
定　　价：59.80 元

产品编号：088435-01

前言

如今,"项目"已经不是一个陌生的词汇,它与我们的日常生活息息相关,每个人都参与过各种大大小小的项目。项目管理是管理学的一个分支学科,是目前人类社会中的一门重要学科。

项目管理起源于第二次世界大战期间,当时,人们认为其仅仅是一项锦上添花的流程,对其不是很重视,因此在那个时期,项目管理仅仅应用于建筑、国防、航天等少数领域。但是,随着经济的发展,项目管理给人们的生产、生活带来了巨大的便利,极大地促进了生产力水平的提高,因此,人们将其应用在了更多的领域。

目前,项目管理已经成为影响企业职能的企业管理体系。并且,无论是大型工程还是企业的日常管理,无论是政府机构还是私营企业,都在广泛运用项目管理的相关知识进行管理。

我国的项目管理水平发展不平衡,很多项目组织仍在使用传统片面的项目管理知识,缺乏系统全面的项目管理知识,因此在项目管理时容易出现各种问题,如项目成本超出预算、项目进度延迟、项目沟通出现问题等。这些问题都会影响项目总目标的实现。

为了帮助相关人员更好地了解并精通项目管理的知识,掌握项目管理的方式,使其能够轻松地突破项目管理的瓶颈,充分地发挥项目管理在项目实施过程中的作用,特此编写了本书。

本书以图文并茂的方式,从项目管理的基础知识入手,由浅入深,从点到面,深度剖析了管理工具、整体管理、范围管理、时间管理、成本管理、质量管理、沟通管理、风险管理、采购管理、人力资源管理和案例分析等方面的内容,帮助读者全面系统地了解项目管理,从一个项目管理"小白"一跃成为一名优秀的项目管理人员。

本书由章豪、徐捷编著,参与编写的人员还有叶芳,在此表示感谢。因编者水平有限,书中内容难免存在疏漏之处,欢迎广大读者朋友批评指正。

编 者

目录

第1章 基础知识：带你走进项目管理 1

1.1 初步感知：项目管理概述 2
- 1.1.1 项目 2
- 1.1.2 项目管理 4

1.2 五大过程组：科学精准管理 8
- 1.2.1 启动 8
- 1.2.2 计划 10
- 1.2.3 执行 12
- 1.2.4 监控 14
- 1.2.5 收尾 14

1.3 四大模型：多种管理选择 15
- 1.3.1 瀑布模型 16
- 1.3.2 迭代模型 16
- 1.3.3 增量模型 17
- 1.3.4 原型模型 18

第2章 管理工具：提升项目管理效率 21

2.1 高效助力：项目管理工具 22
- 2.1.1 项目管理软件 22
- 2.1.2 项目管理软件需要符合的特性 23
- 2.1.3 项目管理软件的选择标准 23

2.2 六大工具：快速管理项目 25
- 2.2.1 甘特图 25
- 2.2.2 工作分解结构图 27
- 2.2.3 计划评审技术图 33
- 2.2.4 思维导图 34

2.2.5　质量屋 34
　　　2.2.6　时间线 37

第3章　整体管理：统一协调管理 39

3.1　全面整合：项目整体管理 40
　　　3.1.1　项目整体管理的主要内容 40
　　　3.1.2　项目经理 41
　　　3.1.3　相关概念 42

3.2　六大过程：确保管理的完整度 44
　　　3.2.1　制定项目章程 44
　　　3.2.2　制订项目管理计划 47
　　　3.2.3　指导与管理项目执行 48
　　　3.2.4　监督与控制项目工作 50
　　　3.2.5　实施整体变更控制 51
　　　3.2.6　项目收尾 53

第4章　范围管理：确定工作的边界 55

4.1　基本概况：项目范围管理 56
　　　4.1.1　项目范围 56
　　　4.1.2　项目范围管理的主要内容 56
　　　4.1.3　项目三大基准 58

4.2　全面感知：范围管理的内容 59
　　　4.2.1　规范范围管理 59
　　　4.2.2　收集需求 61
　　　4.2.3　定义范围 64
　　　4.2.4　创建工作分解结构 65
　　　4.2.5　确认范围 67
　　　4.2.6　控制范围 68

第5章　时间管理：按时完成的关键 71

5.1　必要知识：项目时间管理概况 72
　　　5.1.1　时间的概念 72
　　　5.1.2　时间管理的概念 72

  5.1.3 项目时间管理 79

 5.2 六大阶段：项目时间管理的内容 80

  5.2.1 活动定义 80

  5.2.2 活动排序 82

  5.2.3 活动资源估算 86

  5.2.4 活动历时估算 88

  5.2.5 制订进度计划 89

  5.2.6 控制进度 92

第 6 章 成本管理：实现效益最大化 95

 6.1 基础了解：项目成本管理概况 96

  6.1.1 成本 96

  6.1.2 成本分类 98

  6.1.3 成本管理的原则 99

  6.1.4 成本管理的手段 100

  6.1.5 项目成本管理 101

 6.2 四大过程：成本管理组成 102

  6.2.1 资源计划 102

  6.2.2 项目成本估算 105

  6.2.3 项目成本预算 106

  6.2.4 项目成本控制 108

第 7 章 质量管理：高质量达成标准 111

 7.1 内容介绍：项目质量管理概况 112

  7.1.1 质量管理 112

  7.1.2 质量管理体系 116

  7.1.3 项目质量管理 118

 7.2 确定流程：质量管理三大过程 119

  7.2.1 质量计划 119

  7.2.2 质量保证 122

  7.2.3 质量控制 126

 7.3 基本原理：提高项目质量 128

  7.3.1 系统原理 128

7.3.2 全面质量管理原理 128
7.3.3 PDCA 循环原理 128
7.3.4 质量控制原理 131
7.3.5 质量保证原理 131
7.3.6 合格控制原理 132
7.3.7 监督原理 133

第8章 沟通管理：有效推进管理进度 135

8.1 提前了解：沟通管理内容 136
8.1.1 沟通的基本原理 136
8.1.2 项目沟通 139
8.1.3 项目沟通管理 141
8.2 管理过程：促进有效沟通 141
8.2.1 编制沟通计划 141
8.2.2 信息分发 143
8.2.3 绩效报告 144
8.2.4 管理收尾 145

第9章 风险管理：提高防范控制能力 147

9.1 系统分析：项目风险管理 148
9.1.1 项目风险的定义 148
9.1.2 项目风险的分类 148
9.1.3 项目风险的属性 149
9.1.4 项目风险的效用 150
9.1.5 项目风险的管理 151
9.1.6 国内外研究情况 152
9.2 应对措施：项目风险管理的内容 152
9.2.1 风险识别 152
9.2.2 风险评估 155
9.2.3 风险对策 158
9.2.4 风险控制 159

第 10 章　采购管理：满足项目最优需求 161

10.1　内容梗概：项目采购管理 162
- 10.1.1　采购 162
- 10.1.2　项目采购 166
- 10.1.3　项目采购管理 168

10.2　全程解析：项目采购管理过程 170
- 10.2.1　规划采购 171
- 10.2.2　实施采购 175
- 10.2.3　控制采购 177
- 10.2.4　结束采购 178

10.3　安全高效：采购管理工具 179
- 10.3.1　SWOT 分析模型 179
- 10.3.2　SCOR 模型 181
- 10.3.3　ADL 矩阵 182
- 10.3.4　杠杆分析 183
- 10.3.5　SMART 原则 184

第 11 章　人力资源管理：打造一个高效团队 187

11.1　团队打造：项目人力资源管理 188
- 11.1.1　人力资源的含义 188
- 11.1.2　人力资源的发展史 188
- 11.1.3　人力资源的六大特征 189
- 11.1.4　人力资源的八大特性 190
- 11.1.5　项目人力资源管理 191
- 11.1.6　项目组织 192

11.2　全面分析：人力资源管理过程 194
- 11.2.1　编制项目人力资源管理计划 194
- 11.2.2　组建项目团队 199
- 11.2.3　建设项目团队 200
- 11.2.4　管理项目团队 203

第 12 章 案例分析：三大基本行业应用 ... 207

12.1 通信行业：IT 项目管理 ... 208
12.1.1 IT 项目 ... 208
12.1.2 IT 项目管理 ... 210
12.1.3 IT 项目管理体系 ... 211
12.1.4 IT 项目管理的难点 ... 212

12.2 科研制造：研发项目管理 ... 213
12.2.1 研发项目分类 ... 213
12.2.2 研发项目管理的相关文件 ... 214

12.3 地产行业：工程项目管理 ... 216
12.3.1 工程项目 ... 216
12.3.2 工程项目管理 ... 218
12.3.3 工程项目管理的难点 ... 220
12.3.4 工程项目管理新发展 ... 220

第 1 章

基础知识：
带你走进项目管理

项目这一说法最早来源于美国，它是一个动态的概念，普遍存在于我们的日常生产、生活中，并对我们的生活有着重要影响。对项目的管理主要是为了保障项目的顺利进行。本章我们来了解一下项目管理的具体内容。

1.1　初步感知：项目管理概述

要想做好项目管理，我们首先要了解什么是项目、项目管理以及项目管理的相关内容。本节我们就来介绍一下项目和项目管理的具体内容。

1.1.1　项目

项目在不同语境中有不同的含义。项目既可以指一种个体单位，如奥运会中的不同项目；也可以指在限定的时间、资源下有明确目标的一次性任务。

一般情况下，第二种用途比较广泛。此外，《项目管理知识体系指南》（*Project Management Body of Knowledge*，*PMBOK*）一书中对项目作出了定义："项目是为创造独特的产品、服务或成果而进行的临时性工作。"项目侧重于过程，如我们可以把建设一个公共建筑的过程作为项目，但是不可以把该建筑称为项目。以下活动都可以称为一个项目。

- 策划一场大型活动，如大型国际会议、策划组织展览会等。
- 能源开采。
- 开发一个软件或新产品。
- 高速公路的修建。

下面，我们来了解一下项目的基本特征、项目的生命周期和项目与日常运作的区别。

1. 项目的基本特征

项目有以下几个基本特征。

1）明确的目标

每一个项目都有一个明确的目标，项目中的所有工作都是为了完成该目标。目标有可能是一个产品，也有可能是一种服务。

2）独特性

每个项目都是独一无二的，都有着不同的特点。每个项目中所产生的产品、服务等都与其他项目有着一定的区别。

3）不确定性

在项目实施的过程中，会出现或多或少的内部因素和外部因素，因此导致了项目的不确定性。

4）组织的临时性

在项目的开始阶段，都会成立一个组织。而这个组织一般会在项目开始时成立，在项目完成后解散。

5）一次性

项目是不能重复的，有特定的时间范围，即便是在同等的条件下也不会再产生一个同样的项目，这也是其与日常运作的区别之一。

6）资源成本的约束性

每个项目都需要资源的支撑，但资源是有限的。人们需要在有限的资源和时间内完成项目指定的任务。

2．项目的生命周期

一般来说，项目的生命周期包括 4 个阶段，分别是概念阶段、开发或定义阶段、执行阶段和结束阶段。但是根据具体的情况，项目的每个阶段还可以进行细分。

在项目的开始，也即概念阶段需要做好需求分析，确定项目目标、范围、要求等。在开发或定义阶段，需要建立好项目组织，并做好计划和预算、责任分派等。在执行阶段，项目内容包括工程实施、进度控制、预算控制、修订计划等。而结束阶段的内容主要是竣工验收准备、文件整理、竣工验收、移交竣工资料和解散组织。

3．项目与日常运作的区别

人们在了解项目时，通常会与日常运作比较。其实，两者有着本质的区别，项目有着独特性，是一项独一无二的任务，而日常运作则是连续、重复的活动。此外，两者还在目的、责任人、时间、管理方法、持续性、特性、组织机构、考核指标、资源需求等方面有一定的差异，如图 1-1 所示。

比较	名称	
	项目	日常运作
目的	特殊的	常规的
责任人	项目经理	部门经理
时间	有限的	相对无限的
管理方法	风险型	确定型
持续性	一次性	重复性
特性	独特性	普遍性
组织机构	项目组织	职能部门
考核指标	以目标为导向	效率和有效性
资源需求	多变性	稳定性

图 1-1　项目与日常运作的区别

一个大型的项目可以包含多个项目，而每个项目也可以包含若干个子项目，三者的关系如图 1-2 所示。

图 1-2　大型项目、项目和子项目的关系

1.1.2　项目管理

《项目管理知识体系指南》中给出了项目管理的定义，即项目管理是指为了满足项目的要求，而将各种知识、技能、工具和技术应用在项目活动中。简单来说，项目管理是管理者在有限的资源内，运用系统的知识、理论、方法对项目的全过程进行管理。

图 1-3 所示为项目管理的知识层次，主要包括哲学、方法论、框架组成和实践方法。

图 1-3　项目管理的知识层次

下面我们来了解一下项目管理的具体情况。

1. 项目管理的历史

项目管理可以追溯到 20 世纪初，但是其真正产生的时间是在 20 世纪 60 年代。图 1-4 所示为项目管理的历史发展轨迹。

第一章 基础知识：带你走进项目管理

图 1-4 项目管理的历史发展轨迹

1950年以前
甘特图
阿丹密基协调图技术
线路分析技术
产品品牌管理
项目办公室/项目工程师
曼哈顿计划

20世纪50年代
出现"项目经理"一词 CPM/PERT/PDM
系统思维影响
关注项目组织问题

20世纪60—70年代
北极星项目应用计划评审技术（PERT）
计算机技术
阿波罗矩阵式组织
WBS
C/SCSC
PMI/IPMA
成为学科
认识到人性的作用

20世纪80—90年代
形成知识体系
成为成熟学科
PMBOK诞生
全球化推广
持证热潮
职业化

21世纪初
硕士博士学科
作为职业高速发展
项目集、项目组合、组织级
形成标准族

2. 项目管理的任务

一般来说，项目管理是根据任务组织起来的，任务主要包括以下 5 个方面，如图 1-5 所示。

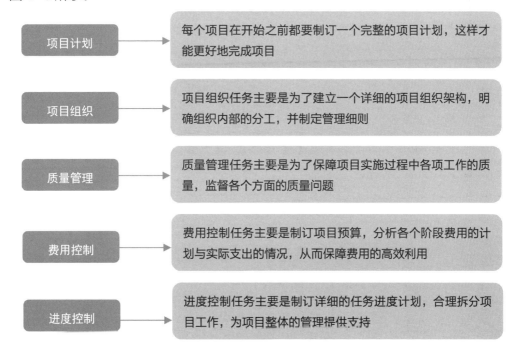

项目计划 → 每个项目在开始之前都要制订一个完整的项目计划，这样才能更好地完成项目

项目组织 → 项目组织任务主要是为了建立一个详细的项目组织架构，明确组织内部的分工，并制定管理细则

质量管理 → 质量管理任务主要是为了保障项目实施过程中各项工作的质量，监督各个方面的质量问题

费用控制 → 费用控制任务主要是制订项目预算，分析各个阶段费用的计划与实际支出的情况，从而保障费用的高效利用

进度控制 → 进度控制任务主要是制订详细的任务进度计划，合理拆分项目工作，为项目整体的管理提供支持

图 1-5 项目管理的任务

3. 项目管理的三大要素

在项目管理的过程中，有三大要素最为重要，分别是质量、工期和成本，具体内容如图 1-6 所示。

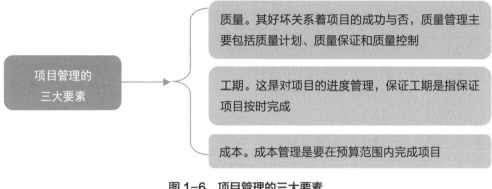

图 1-6 项目管理的三大要素

4. 项目管理的基本原则

项目管理主要有 4 项基本原则，如图 1-7 所示。

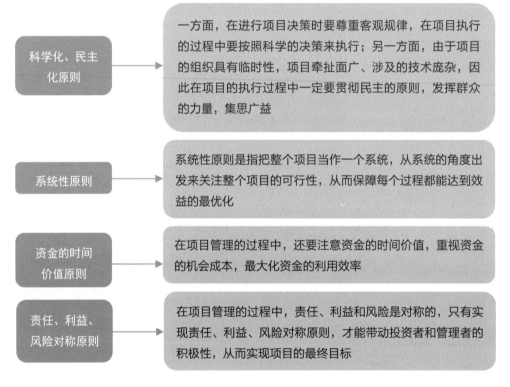

图 1-7 项目管理的基本原则

5. 项目管理的组织方法

项目管理的组织方法主要有 4 种，具体内容如下。

- 由自己施工和分包两种形式构成。主体和粗装饰由自己施工完成，其他部分分包出去。
- 全部都由自己组织劳务，承包全部的工程。
- 工程全部发包，发包方负责管理、监督、协调。
- 分部分、分项承包，发包方负责管理、监督、协调。

6. 项目的管理形式

目前来说，项目的管理形式主要有4种，具体内容如下。

1）设置专门机构

项目的不确定因素较多，在项目执行的过程中会出现许多新的问题、技术需要解决，因此对于一些规模较大的项目应设置专门的机构，配备专门的人员来管理项目。

2）设置专门的项目管理人员

对于一些规模比较小的、不太复杂、涉及的单位较少、但前景不太确定的、仍然需要加强组织协调的项目，可以设置专门的项目管理人员，协助相关人员管理项目。

3）设置项目主管

有的项目规模一般，复杂程度和涉及面都位于前两者之间。这种项目没有必要设置专门的机构，而设置专门的项目管理人员可能难以管理，因此最好是设置项目主管，由项目主管来对项目进行授权管理。

4）设置矩阵结构的组织形式

矩阵结构的组织形式由两个系统组成，一个系统是部门职能系统，另一个系统则是项目系统，如图1-8所示。其中虚线内的系统便是项目系统。

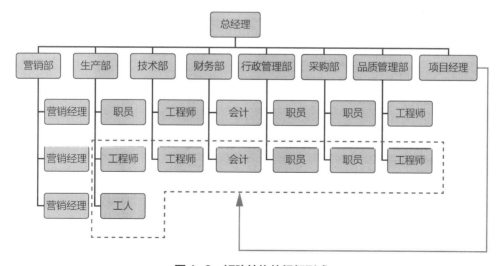

图1-8 矩阵结构的组织形式

值得注意的是，在矩阵结构组织中，每个成员都有两个领导，一个是本部门的领导，另一个是执行项目时的项目经理或项目主管。

1.2 五大过程组：科学精准管理

项目管理有五大过程组，分别是启动、计划、执行、监控、收尾。本节我们就来具体介绍一下五大过程组的内容。图1-9所示为五大过程组的内容。

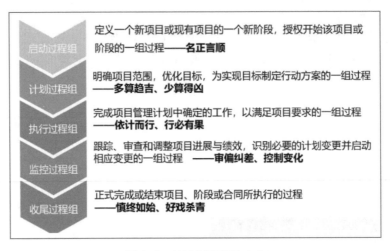

图1-9 五大过程组的内容

1.2.1 启动

启动过程是一个项目开始的过程，这个过程尤为重要。从某种意义上说，这个过程决定了投资人是否投资。如果在这个阶段出现了决策失误，就可能导致严重的损失，因此重视项目的启动阶段是保证项目成功的第一步。

启动过程组是明确并核准项目或项目阶段的过程。在这一阶段主要有以下3个关键点。

- 与客户、高层沟通，明确各方的需求并获得相关支持。
- 明确项目需求和目标。
- 开会讨论，明确团队并执行相关的要求。

项目启动过程组包括两个项目管理过程，分别是制定项目章程和识别干系人。图1-10所示为启动过程组的过程逻辑。图中的虚线箭头是指该过程为项目整合管理知识领域的一个组成部门，而识别干系人属于项目相关方管理知识领域。值得注意的是，项目整合管理知识领域是协调并统一其他知识领域的过程。

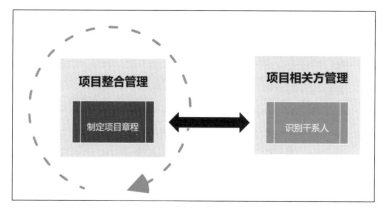

图1-10　启动过程组的过程逻辑

启动过程组主要包括八大内容，如图1-11所示。

图1-11　启动过程组的内容

在启动过程中，项目经理十分重要，其责任主要有以下6点。
- 与客户沟通协商，明确项目需求和所需资源等。
- 在项目实施过程中不断了解客户需求。
- 保持与项目相关方的沟通并汇报项目进程。
- 挑选项目组成员，得到项目组的支持服务。
- 在项目计划过程中领导和指导项目组成员有序展开工作。
- 监控项目进程，保证项目按时间计划执行。

除了项目经理的责任，各成员也都有相应的责任，具体内容如图1-12所示。

项目具有不确定性，因此在项目实施过程中都会存在一定的问题。在这个阶段中，常见的问题主要有需求不明确、需求沟通不够、项目组成员选择的不确定性以及为促成项目而过于乐观地分析项目可行性。

图 1-12 项目组成员的责任

1.2.2 计划

计划阶段是整个项目过程中非常重要的一个环节，制订一个科学的计划往往能够使项目团队的工作有序开展，并促进项目的顺利完成。项目计划阶段的内容主要包括 6 个方面，如图 1-13 所示。

图 1-13 项目计划阶段的内容

在项目的计划阶段，主要的任务有工作任务分解、任务工期估算、时间进度安排、风险与沟通计划、项目整体计划等。该阶段主要需要填写的文档有项目统计表、项目基本信息表、项目进程表。

在计划阶段的成果主要是任务分配计划、时间进度计划和风险沟通计划。此外，在计划阶段有以下 3 个关键点。

- 明确项目范围及具体任务。
- 全面风险认识。
- 各关键人员的识别与沟通计划。

值得注意的是，在计划阶段也会遇到一些问题，常见的有对工作任务分解不充分、风险意识不强，以及没有沟通计划、计划常由个人制订、项目组没有达成共识等。

一般来说，在项目计划阶段使用的工具主要有 3 种，分别是甘特图、里程碑计划和网络图，如图 1-14 所示。

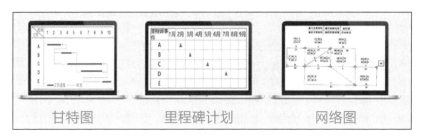

图 1-14　计划阶段使用的工具

图 1-15 所示为某项目实施关键历程里程碑图，可以看出，里程碑图能够很好地展现该项目在什么时间做什么工作。

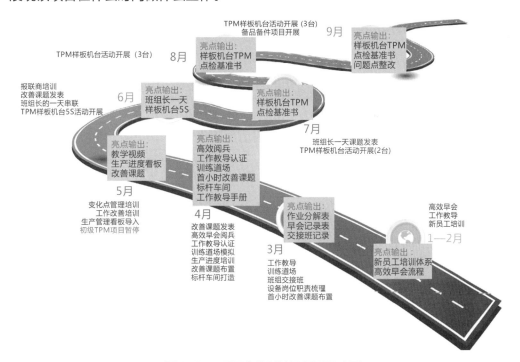

图 1-15　项目实施关键历程里程碑图

风险计划和沟通计划是计划阶段需要制订的计划内容。风险计划的内容主要包括 7 个方面，如图 1-16 所示。

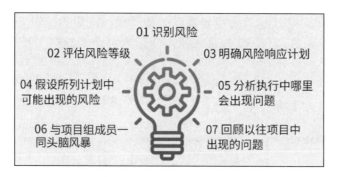

图 1-16　风险计划的内容

沟通计划是指根据项目任务的执行排序、时间计划和所需要的资源所制订出的沟通计划，其三大原则主要是及时、准确、恰到好处。制订一个好的沟通计划有六大好处，如图 1-17 所示。

图 1-17　沟通计划的好处

1.2.3　执行

执行过程组主要包括十大子过程，分别是指导与管理项目工作、管理项目知识、管理质量、获取资源、建设团队、管理团队、管理沟通、实施风险应对、实施采购、管理相关方参与，如图 1-18 所示。

项目执行过程组的主要目标是协调人力资源与其他资源，以便更好地实施项目管理计划。在这个阶段中，项目管理者有 75%～90%的时间都用在沟通上。只有保持良好的沟通，才能让项目管理者及时地发现问题、解决问题，进而更好地控制项目的各个方面。

在沟通的过程中，可以灵活采用不同的沟通方式，如面对面聊天、邮箱、会议、培训、演示、信息系统，其中以面对面聊天最具效率。项目会议沟通主要分为 3 部分，分别是会前、会中和会后，具体内容如图 1-19 所示。

指导与管理项目工作
按图索骥
管理项目知识
利用知识、生成知识、分享知识
管理质量
查过程、保质量
获取资源
获取所需人、财、物
建设团队
营造氛围、提高绩效
管理团队
解决问题、优化绩效
管理沟通
确保双方的有效信息流动
实施风险应对
依照计划处置信息
实施采购
买卖谈判、签订合同
管理相关方参与
提升支持率、降低抵制率

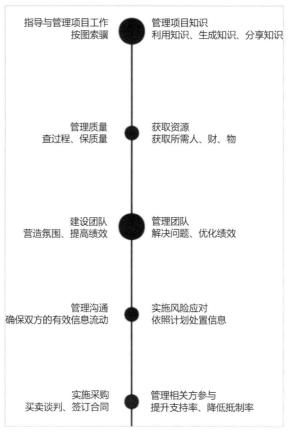

图 1-18　十大子过程

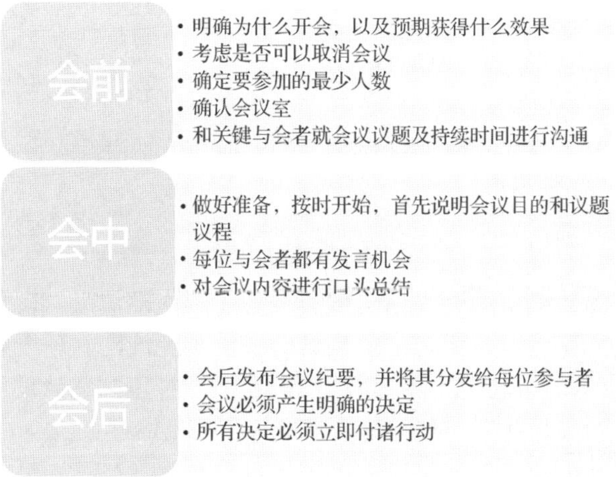

会前
• 明确为什么开会，以及预期获得什么效果
• 考虑是否可以取消会议
• 确定要参加的最少人数
• 确认会议室
• 和关键与会者就会议议题及持续时间进行沟通
会中
• 做好准备，按时开始，首先说明会议目的和议题议程
• 每位与会者都有发言机会
• 对会议内容进行口头总结
会后
• 会后发布会议纪要，并将其分发给每位参与者
• 会议必须产生明确的决定
• 所有决定必须立即付诸行动

图 1-19　项目会议沟通的内容

值得注意的是，在项目的执行过程中，要保证良好的沟通，一定要把握以下三大沟通要点。

- 项目组成员对目标达成共识。
- 项目组成员相互尊重、主动倾听。
- 制订科学的项目沟通计划。

1.2.4 监控

为了确保项目计划的顺利实施，必须时刻对项目的各个方面进行监控和评估，并及时作出必要的调整。其中 5 个主要的监控维度内容如下。

- 监控项目的整体进度，了解会导致项目延期的一些因素，并及时调整进度。
- 监控需求以及市场的变化，并及时做好变更。
- 监控资源使用和成本使用，确保资源合理分配，及时维护成本基准。
- 监控沟通的情况，保证各方面的沟通都是高效的。
- 监控风险并识别新的风险，及时更新风险管理办法，评估风险管理效果。

监控过程主要包括 12 个子过程，分别是监控项目工作、实施整体变更控制、确认范围、控制范围、控制进展、控制成本、控制质量、控制资源、监督沟通、监督风险、控制采购、监督相关方参与。图 1-20 所示为监控过程的关键点和常见的问题。

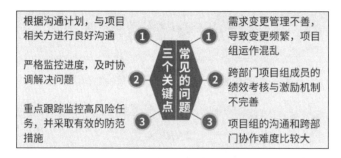

图 1-20 监控过程的关键点和常见的问题

1.2.5 收尾

收尾过程组包含了结束所有项目管理过程组中的所有活动，以正式结束项目、项目阶段或合同责任而实施的一组过程。当这一过程组完成时，就表明为完成某一项目或项目阶段所需的所有过程组的所有过程均已完成，并正式确认项目或项目阶段已经结束。项目或项目阶段收尾时可能需要进行以下工作。

- 通过客户或发起人的验收。
- 进行项目后评价或阶段结束评价。

- 记录"裁剪"任何过程的影响。
- 记录经验教训。
- 对组织过程资产进行适当的更新。
- 将所有相关项目文件在项目管理信息系统中归档,以便作为历史数据使用。
- 结束采购工作。

项目收尾阶段的主要内容包括 3 个方面,分别是项目总结、项目收尾分类、归档文档,如图 1-21 所示。

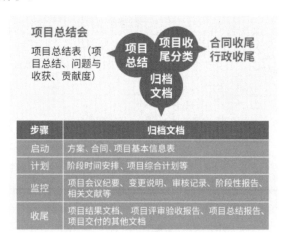

图 1-21　项目收尾阶段的主要内容

值得注意的是,在项目收尾阶段的主要流程为评估与验收、领导审核并确认、项目总结、文档归档。另外,在收尾阶段有以下 3 个关键点需要注意。

- 顺利完成项目评估和验收。
- 项目总结,经验总结。
- 完整的项目信息归档。

除此之外,在收尾阶段还存在 3 个常见的问题,分别是经验、教训的总结不够深刻,项目组成员对项目的重要性认识不足,项目的移交问题。因此在进行收尾时一定要注意。

1.3　四大模型:多种管理选择

项目管理常见的 4 大模型是瀑布模型、迭代模型、增量模型、原型模型。每种模型都有其优缺点和适用的项目类型。项目经理只有针对不同的项目选择正确的模型,才能起到事半功倍的作用。本节我们介绍 4 大模型的具体内容。

1.3.1 瀑布模型

当项目团队成员使用瀑布模型开展项目的时候，就好像在雕刻玉石。工匠们在雕刻玉石的时候，先要有一张完整的设计图，然后再按照设计一步步地推进，中间不能出现差错。值得注意的是，瀑布模型是最基础，也是最常见的一种项目管理的模型。图1-22所示为瀑布模型的思想示意图。

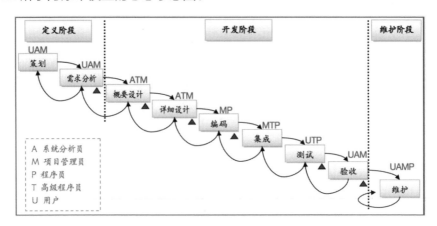

图 1-22 瀑布模型的思想示意图

瀑布模型的项目必须按照设计图来推进项目的进程。一般来说，上一个阶段的产品便是下一个阶段的输入，因此只有当上一个阶段的成果经过检验之后，才能开始下一个阶段的工作。

值得注意的是，瀑布模型突出的特征在于文档驱动，即在整个项目过程中，每个活动中的工作成果就是其产生的工作文档以及在此基础上形成的产品。

瀑布模型有以下两大优点。
- 每个阶段的产品都保质保量，无须进行多次返工。
- 工作的文档详细，减少了沟通，能够帮助工作人员及早发现问题。

另外，光有精细的设计图还不够，还需要项目人员按照步骤执行，并且在执行的过程中，每一步都不能出错，如果出错，就需要推翻重来。这也是瀑布模型的特点，即周期长，不易变更。

因此，在瀑布模型中，一般用户只有在项目的晚期才知道产品的基本情况。如果在这个时候提出变更，就会造成很大的损失。

1.3.2 迭代模型

图 1-23 所示为迭代模型的思想示意图。从图中可以看出，该模型是由许多个瀑

布式的项目构成的。在迭代模型中，每次的迭代都是一个完整的过程，包括需求、分析设计等所有工作流程。

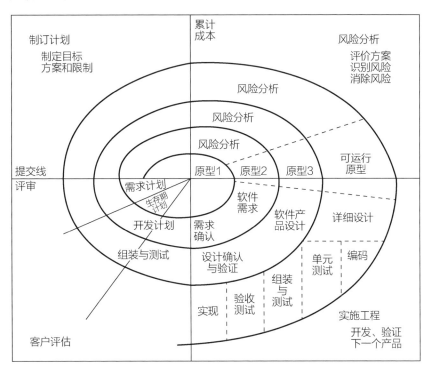

图 1-23 迭代模型的思想示意图

迭代模型中包括 4 个象限，这 4 个象限代表 4 个活动，分别是：制订计划、风险分析、实施工程、客户评估。

运用迭代模型执行项目时，项目活动包含以下几个阶段。

- 初始阶段。这一阶段的主要目标是系统建立商业案例并明确项目的边界。
- 细化阶段。这一阶段主要是分析问题，建立健全体系结构基础，编制项目计划，淘汰项目中风险最高的元素。
- 构造阶段。在这一阶段，那些剩下的构件和相关功能都能被开发并集成为产品，且所有的功能都能被详细测试。
- 交付阶段。这一阶段的主要目标是保证产品最终能够达到交付标准。

1.3.3 增量模型

增量模型主要是通过分析用户的需求，开发采用序列化创建产品的方法。值得注意的是，这种模型的本质是迭代。但是，这种模型在每个增量后都要发布一个能够被操作的产品。

增量模型的特点在于引进了增量包的概念，不用等到所有需求的增量包出来后才能开发，只需等到某个需求的增量包出来即可开发。图 1-24 所示为增量模型的思想示意图。

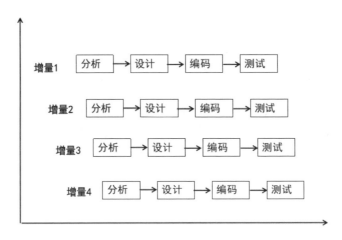

图 1-24　增量模型的思想示意图

在增量模型中，为了更好地适应用户的需求，一些增量包可能还需要进行更改，但是如果这个增量包比较小，那么其对整个项目的影响便是能够承受的。该模型有三大优点，具体内容如下。

- 在达到初始需求之前可降低成本。
- 能快速生产出可使用的系统。
- 能够有计划地管理技术风险。

在产品开发的过程中，客户的需求是不断变化的，这是不可避免的。而增量模型具有一定的灵活性，能够使得项目很好地适应这种变化，但是也很容易导致对项目过程的控制失去整体性。增量模型适用的项目特点具体如下。

- 用户核心需求非常清楚。
- 项目人员不足。
- 产品可以被分割成不同的阶段，从而分别完成。

1.3.4　原型模型

原型模型是在原型的基础上不断完善的方法，是一种用户需求驱动的方法。这种模型能够帮助项目人员减少系统开发的风险。在一些大型项目中，项目人员往往不能一次性地完成用户需求分析，这时采用原型模型便能够很好地执行项目了。

值得注意的是，根据其最终保留情况，原型模型可以分为非抛弃型原型模型和抛弃型原型模型两种，两种原型模型的具体内容如下。

1. 非抛弃型原型模型

非抛弃型原型模型主要是根据用户的主要需求，开发出一个基础的模型，然后在此基础上，不断地完善，直到用户满意为止。

2. 抛弃型原型模型

抛弃型原型模型主要是用来描述并验证用户需求，当明确了用户的需求后，便可以不再开发这种原型模型。

图 1-25 所示为原型模型的思想示意图。

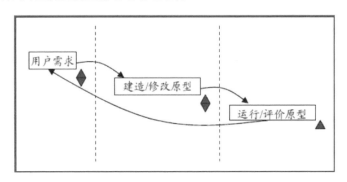

图 1-25　原型模型的思想示意图

值得注意的是，这两种原型模型的目的、手段、结构都存在着不同。原型模型适用的项目特点具体如下。

- 处理过程简单明确、涉及面窄的小型系统。
- 大型系统的需求阶段，通过原型模型可以帮助项目人员明确、细化用户需求。

第 2 章

管理工具：
提升项目管理效率

工具的使用可以让人们的工作更有效率。在项目管理的过程中也一样，使用项目管理工具可以帮助项目管理者更快、更好地管理项目。本章我们介绍项目管理工具的具体内容。

2.1 高效助力：项目管理工具

项目管理工具一般是指软件，其主要是为了保障项目能够在既定的成本、进度、质量下，对相关的人员、产品、过程和项目进行分析，保证项目顺利完成。本节我们就来介绍项目管理工具的具体内容。

2.1.1 项目管理软件

随着项目管理的发展和运算速度的提高，项目管理技术也得到了发展。在 20 世纪 80 年代，项目管理技术快速发展，并出现了许多的项目管理软件。项目管理软件的使用能够帮助团队提高效率，其优点有 3 个，分别是规范业务流程、促进团队协作、把控项目全局，具体内容如图 2-1 所示。

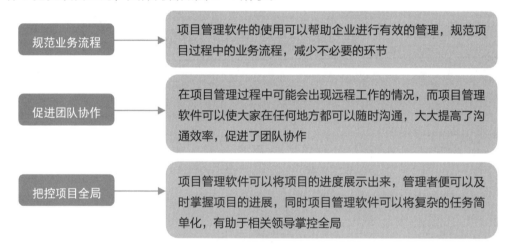

图 2-1　项目管理软件的优点

现如今，项目管理软件有很多，根据不同的分类方式，可以将项目管理软件分为不同的种类。例如，根据管理对象的不同，可以将项目管理软件分为进度管理、合同管理、风险管理、投资管理等软件；而根据功能实现层次的不同，可以将项目管理软件分为以下 3 种。

- 实现一个或多个的项目管理手段，如进度管理、质量管理等软件。
- 能够对进度管理、费用管理等方面进行分析、预警功能的项目管理软件。
- 实现了项目管理的网络化和虚拟化，实现基于万维网（World Wide Web，WWW）的项目管理软件，甚至是企业级项目管理软件或者信息系统。

另外，按照项目的内容分类，可以将项目管理软件分为建筑工程类项目管理软件和非建筑工程类项目管理软件。非建筑工程类项目管理软件在 2010 年就已经出现，但是其一般与协同办公自动化（office automation，OA）系统、知识管理等功能模块相结合。

2.1.2 项目管理软件需要符合的特性

一般来说，项目管理软件需要符合以下四大特性，具体内容如图 2-2 所示。

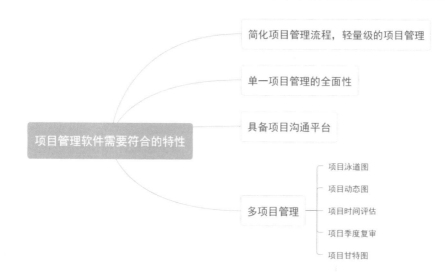

图 2-2 项目管理软件需要符合的特性

2.1.3 项目管理软件的选择标准

值得注意的是，有一些项目管理软件是需要购买的。那么，在购买项目管理软件时应该考虑哪些要素呢？下面我们就来介绍一下选择项目管理软件的标准。一般来说，选择项目管理软件主要考虑以下 8 点。

1. 容量

一些大的项目所包含的子项目较多，预计需要的资源和同时管理的项目数量也较多，这时便需要考虑项目管理软件的容量。只有容量大的项目管理软件，才能容纳更多的项目信息，从而帮助管理者更好地管理项目。

2. 文件编制

不同的项目管理软件，其文件编制和联机帮助功能质量也是不同的。因此，在选择项目管理软件时一定要考虑文件编制问题，如用户手册的可读性、手册和联机帮助的详细程度等。

3. 操作难易程度

项目管理软件操作的难易程度也会在一定程度上影响项目管理进度。此外，项目管理软件操作的难易程度主要考虑的是数据修改的简易性、打印输出的质量等因素。

4. 兼容能力

在选择项目管理软件的时候一定要考虑软件的兼容问题。有的软件系统只能与少数几个常见的软件兼容，但是项目执行过程中如果需要很多的软件协作，那么这个软件便无法使用，因此在选择软件之前一定要考虑软件的兼容问题。

5. 安装要求

考虑软件的安装要求主要是考虑软件对计算机软件和硬件的要求，如存储器、硬盘空间的容量、打印设置等。

6. 报表功能

在项目管理过程中，有很多报表需要制作、修改。不同的项目管理软件提供不同种类的报表以及报表的数量。例如，有的系统只能提供基本的计划、进度计划和成本报表等。表2-1所示为项目成本估算表。

表2-1　项目成本估算表

序号	项目名称	单位	工程量	单价（元）	基价（万元）	计算方式
D	工程费=（1）至（30）				8366.43	
（1）	临时设施费、办公费、交通费				70	
（2）	临时施工、水电、施工道路				105	施工道路(25)＋临时水电(80)
（3）	预算费、结算费				12	6000×0.2%
（4）	清理场地	m²	54600	7.33	40	
（5）	土方工程、改造地形（按设计要求）				60	
（6）	挡土墙及护坡桩费用				500	
（7）	车行道路、路基、路面	m²	6720(外) 2700(内)	120 250	148	6720×120＋2700×250

续表

序号	项目名称	单位	工程量	单价（元）	基价（万元）	计算方式
（8）	行人道路、路基、路面	M²	2900	110	32	2900×110
（9）	铸铁围墙及基础成形	M	1120	260	29	1120×260
（10）	游泳池、水塔、网球场	个			120	游泳池(40)+水塔(40)+网球场(40)
（11）	路灯、草坪灯、泛光灯				40	路灯(16)+草坪灯(13)+泛光灯(11)
（12）	景点及雕塑	个	80000	25	200	80000×25

7. 安全性能

项目管理软件的安全性能也很重要。有些项目管理的资料非常重要，如果资料被泄露了，就会造成严重的后果。

8. 经销商的支持

在选择项目管理软件的时候，还要考虑经销商是否会提供技术、费用的支持，以及经销商的信誉问题等。

2.2 六大工具：快速管理项目

使用项目管理工具才能更好地管理项目，也可以使项目管理更高效。本节我们就来介绍一下常见的六大项目管理工具。

2.2.1 甘特图

在工作效率和时间管理方面，甘特图的地位非常高。甘特图起源于第一次世界大战期间，最开始是作为一种计划批量生产的生产规划工具，如图 2-3 所示。

甘特图是一个直观视图，可用于计划各种规模的项目。其始终会显示项目的开始日期和结束日期，甚至还可以帮助项目管理人员查看在固定的一天中必须完成的任务。一个完整的甘特图可以帮助工作人员了解以下 4 点内容。

- 需要完成的任务有哪些。
- 任务完成的顺序。
- 每个任务完成的时间以及完成全部任务需要花费的时间。
- 在整个项目管理过程中，每个项目管理人员完成了多长时间的任务。

序号	任务名称	日期	开始日期	结束日期	2020年11月																										
					一 1	二 2	三 3	四 4	五 5	六 6	日 7	一 8	二 9	三 10	四 11	五 12	六 13	日 14	一 15	二 16	三 17	四 18	五 19	六 20	日 21	一 22	二 23	三 24	四 25	五 26	六 27	日 28	一 29	二 30	三 31
1		计划																														
		实际																														
2		计划																														
		实际																														
3		计划																														
		实际																														
4		计划																														
		实际																														
5		计划																														
		实际																														
6		计划																														
		实际																														
7		计划																														
		实际																														

图 2-3 甘特图

另外，甘特图作为一种直观工具，不仅可以帮助工作人员了解项目中的任务情况，而且具有以下 3 个优点，如图 2-4 所示。

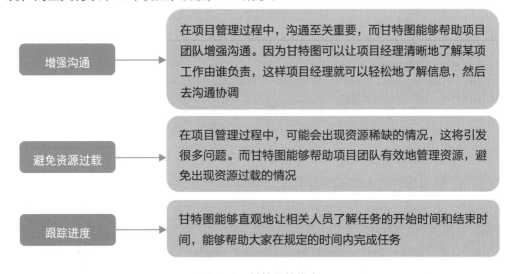

- 增强沟通：在项目管理过程中，沟通至关重要，而甘特图能够帮助项目团队增强沟通。因为甘特图可以让项目经理清晰地了解某项工作由谁负责，这样项目经理就可以轻松地了解信息，然后去沟通协调
- 避免资源过载：在项目管理过程中，可能会出现资源稀缺的情况，这将引发很多问题。而甘特图能够帮助项目团队有效地管理资源，避免出现资源过载的情况
- 跟踪进度：甘特图能够直观地让相关人员了解任务的开始时间和结束时间，能够帮助大家在规定的时间内完成任务

图 2-4 甘特图的优点

但是，甘特图还有一定的局限性。一方面，它只反映了部分的活动流程时间、成本和范围约束；另一方面，一些时间依赖关系过于复杂的场景不能使用甘特图，否则就会大大提高读图的成本。

每个甘特图都会有几个关键组件，其具体内容如图 2-5 所示。

制作甘特图可以使用哪些工具呢？首选应该是 Project，其次还可以使用 Excel。一般来说，制作一个甘特图主要有以下 6 个步骤，如图 2-6 所示。

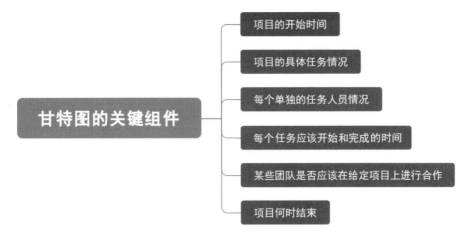

图 2-5　甘特图的关键组件

图 2-6　制作甘特图的步骤

2.2.2　工作分解结构图

工作分解结构（word breakdown structure，WBS）是以项目的可交付结果为导向而对项目任务进行分组，它将项目整体任务分解成较小的、容易管理和控制的工作单元。WBS 其实是为实现特定目标或成果的所有工作定义的层次化结果。WBS 图的作用如图 2-7 所示。

```
                ┌─ 把复杂的事情简单化，使项目的任务执行起来更加容易
                │
                ├─ 通过WBS得到完成项目的任务清单，从而界定项目的工作范围
                │
                ├─ 把项目要做的所有工作都清楚地展示出来，不至于漏掉任何重要的事情以及需要项目组完成的任务
   WBS          │
   图的 ────────┤─ 容易对每项分解出的活动估计所需时间、所需成本，便于制订完善的进度、成本预算等项目计划
   作用         │
                ├─ 通过工作分解，可以确定完成项目所需要的技术、所需要的人力资源及其他资源
                │
                ├─ 便于将任务落实到责任部门或个人，有利于界定职责和权限，也便于各方面就项目的工作进行沟通
                │
                ├─ 使项目团队成员更清楚地理解任务的性质及其努力的方向
                │
                └─ 能够对项目进行有效的跟踪、控制和反馈
```

图 2-7 WBS 图的作用

下面我们来了解一下 WBS 图的相关情况。

1. WBS 图的结构

WBS 图有两种结构，一种类似于组织的结构图，另一种是直线缩排的形式，类似于 Word 的目录层级，如图 2-8 所示。

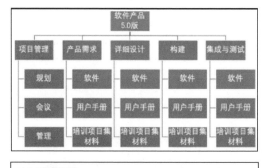

图 2-8 WBS 图的结构

2. WBS 的构成

一般来说，一个完整的 WBS 主要包括 4 个部分，分别是 WBS 元素、结构化编码、工作包、WBS 字典。

1）WBS 元素

WBS 元素可以说是 WBS 结构上的节点。简单来说，WBS 元素就是"组织结构图"中的每个方框。

2）结构化编码

结构化编码是 WBS 结构中最显著，也是最关键的构成因子。在 WBS 中，通过编码系统，我们可以很轻松地了解 WBS 元素的相关信息。

3）工作包

工作包是 WBS 每条分支中最小的可交付成果或项目工作的组成部分，也是 WBS 结构中最底层的工作单元。此外，工作包还可以进一步分解为活动。图 2-9 所示为工作包所包含的内容。

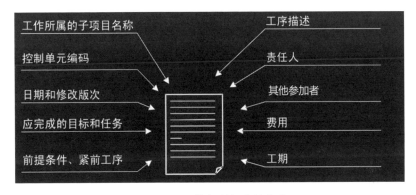

图 2-9 工作包所包含的内容

4）WBS 字典

WBS 字典主要用来对 WBS 中每一个元素进行描述定义，是不可或缺的辅助性文件。图 2-10 所示为典型的 WBS 字典表格。

3. WBS 常用的分解方法

WBS 常用的分解方法有 3 种，一种是按照项目阶段分解，另一种是按照产品范围分解，还有一种是按照项目范围和产品范围分解，具体内容如下。

1）按照项目阶段分解

按照项目阶段分解是指按照启动、计划、执行、监控、收尾阶段对项目进行分解，每个阶段都包含了需要完成的可交付成果。按照项目阶段分解案例如图 2-11 所示。

典型的WBS字典表格			
项目名称：		日期：	
WBS号码：		WBS名称：	
父级WBS号码：		父级WBS名称：	
责任人 / 组织(如果必要)：		日期：	
工作描述：			
子级WBS号码：		子级WBS名称：	
子级WBS号码：		子级WBS名称：	
子级WBS号码：		子级WBS名称：	
开始时间：	结束时间：	制定人：	批准人：
预算费用：	可交付物：	职务：	职务：

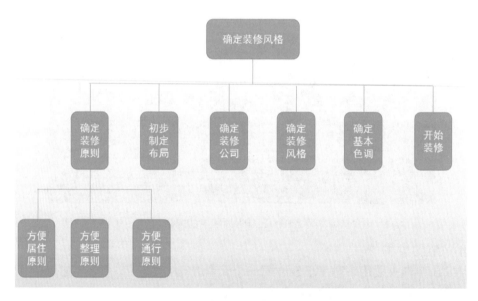

图 2-10　典型的 WBS 字典表格

图 2-11　按照项目阶段分解案例

2）按照产品范围分解

按照产品范围分解主要是将目标可交付成果分解，使其成为更小、更可控的交付成果。按照产品范围分解案例如图 2-12 所示。

3）按照项目范围和产品范围分解

按照项目范围和产品范围分解是将产品的范围当作一个分支，而项目范围则列成其他的分支。按照项目范围和产品范围分解案例如图 2-13 所示。另外，产品范围是面向客户的。

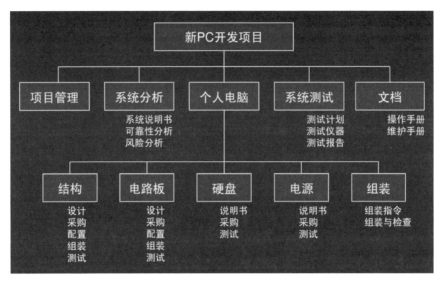

图 2-12 按照产品范围分解案例

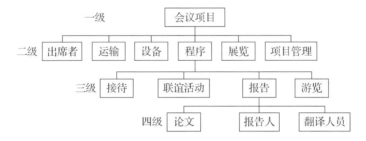

图 2-13 按照项目范围和产品范围分解案例

4. 常见误区

在制作 WBS 图时,需要注意以下常见的几点误区。

1)把工作分解的结构当作物品清单

以公司团建为例,购买食材下方列出的是买酒水、买蔬菜、买肉,这其实是不正确的,这只是一种列清单的行为,如图 2-14 所示。正确的制作方法是应该将购买食材的下方改为列清单、选择超市,如图 2-15 所示。

2)分解的层级越多越好,越细越好

其实,分解的层级最好不要太多,也不要太细,不然就会导致工作的复杂化,一般 4~6 层就可以了。

3)WBS 图的每个分支必须层级一样

WBS 图的每个分支的层级只要按照实际的工作情况,将每个分支分解到目标即可。

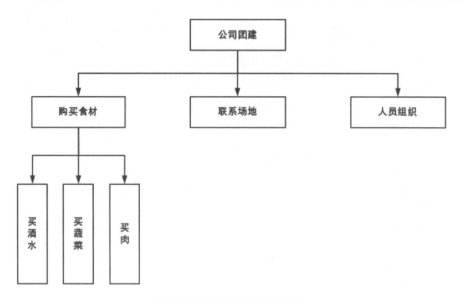

图 2-14 错误的 WBS 图

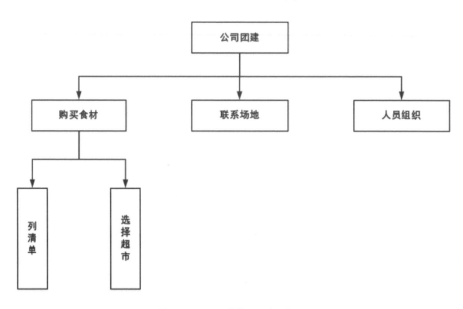

图 2-15 正确的 WBS 图

5. 创建 WBS 图

创建 WBS 图主要有两种方法，一种方法是类比法或模板法，即在其他项目的 WBS 图模板的基础上创建一个新的 WBS 图；另一种方法是自上而下的方法，这种方法是从项目的目标开始，然后逐步分解项目的工作，如图 2-16 所示。

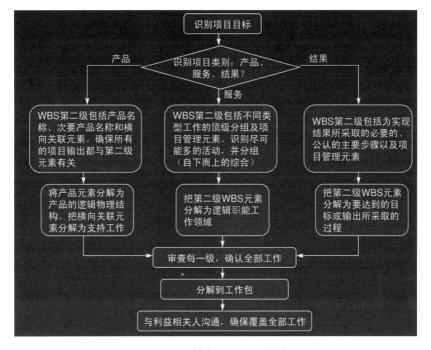

图 2-16 创建 WBS 图的过程

2.2.3 计划评审技术图

计划评审技术（program/project evaluation and review technique，PERT）图能够给出每个任务的开始时间，但是却不能反映任务之间的并行关系。图 2-17 所示为 PERT 图。可以看出，事件号、最早开始时间、最晚开始时间、事件持续时间都能在图中展现出来，这样就能很好地帮助项目管理者了解项目的进度。

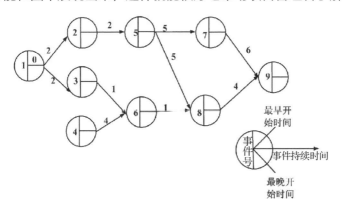

图 2-17　PERT 图

2.2.4 思维导图

思维导图能够很好地帮助项目管理者厘清管理的思路，从而保障在管理时能够有条不紊。思维导图又可称为脑图、心智地图、树状图等，是一种图像式的辅助工具，创始人为东尼·博赞。其特点在于反射性的立体结构、思维形象化，应用在学习、思维、记忆等方面。

1997 年，孙易新博士首次倡导将思维导图引入中国，并积极从事相关的学术研究，力求将相关的研究成果推广到教育界。

2.2.5 质量屋

质量屋是项目管理中一种经典的工具，但是也只是一种基础的工具。其有一定的局限性，还不能胜任像住宅产品这种复杂的产品设计体系，因为这种产品是一个综合的解决方案，相对比较复杂。

图 2-18 所示为质量屋。从图中可以看出，其是由 7 部分组成。质量屋围绕用户的产品开发，其基础是利用专业研究技术来研究消费者内心的需求。

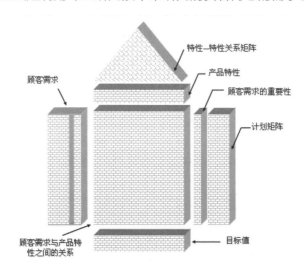

图 2-18　质量屋

一般来说，绘制质量屋常见的工具有 3 种，分别是 Microsoft Visio、SmartDraw、QfdHouse。Microsoft Visio、SmartDraw 这两个工具的功能比较强大，但是需要收费；而 QfdHouse 则不需要收费，是一种专注于绘制质量屋的工具，能够导出图形和文件。值得注意的是，各阶段质量屋的构成是不同的，下面我们就来了解一下各阶段质量屋的情况。

1. 产品规划阶段

产品规划阶段的质量屋如图 2-19 所示，其由六大部分组成。值得注意的是，该阶段的质量屋将会成为下一阶段质量屋的输入项。

图 2-19　产品规划阶段的质量屋

2. 零部件设计阶段

零部件设计阶段的质量屋如图 2-20 所示。与产品规划阶段相比，这个阶段的构成形式与前一阶段的质量屋是相似的，同时可行性评价与技术成本评价这两部分是完全相同的。

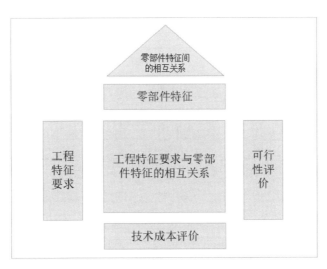

图 2-20　零部件设计阶段的质量屋

3. 工艺规划阶段

零部件有一定的特征要求，而工艺规划阶段便是为了实现零部件的这些特征要求。图 2-21 所示为工艺规划阶段的质量屋。通过这一过程，产品的零部件能够完成向工艺流程设计的转换。

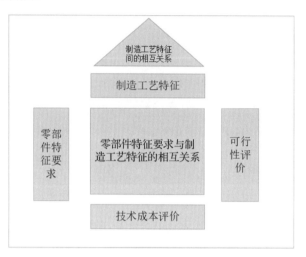

图 2-21　工艺规划阶段的质量屋

4. 生产计划阶段

图 2-22 所示为生产计划阶段的质量屋。在该阶段中，质量屋的输入是产品的制造工艺特征要求，而输出则是生产要求信息。

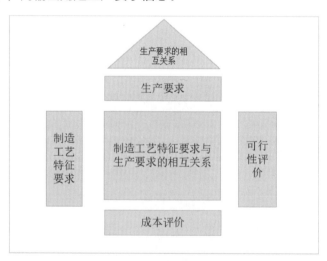

图 2-22　生产计划阶段的质量屋

2.2.6 时间线

时间线是由理查·班德勒（Richard Bandler）与罗伯特·迪尔茨（Robert Dilts）共同开发的，于 1980 年发布，其作用在于探索时间观和时间趋势。图 2-23 所示为时间线示例。

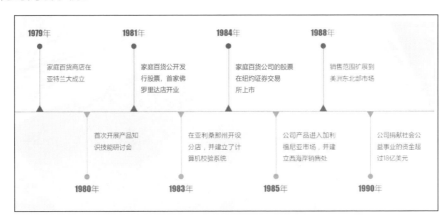

图 2-23 时间线示例

值得注意的是，时间线可以分为两种：一种是当下型时间线，这种时间线前后互相衔接，后面是过去，前面是未来；另一种是脱离当下型时间线，将过去、现在、未来都摆在前面，左边是过去，右边是未来，如图 2-24 所示。

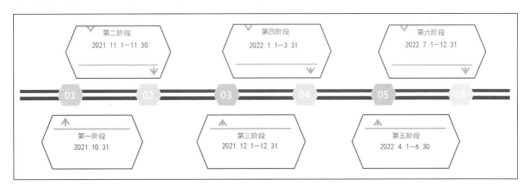

图 2-24 脱离当下型时间线

第 3 章

整体管理:
统一协调管理

在项目的十大知识体系之中,项目整体管理是唯一一个贯穿项目始终的知识体系。从项目启动到项目的收尾,项目整体管理都要参与。本章我们向大家介绍项目整体管理的基本情况。

3.1　全面整合：项目整体管理

项目整体管理对整个项目的顺利开展有着重要作用，是一项综合性和全局性的管理工作。本节我们来了解一下项目整体管理的基本情况。图 3-1 所示为项目整体管理关系。

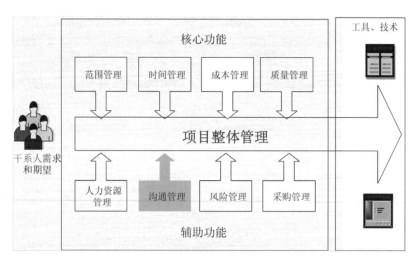

图 3-1　项目整体管理关系

3.1.1　项目整体管理的主要内容

在项目的整个生命周期内，项目整体管理能够整合执行并控制其他过程中产生的全部子计划，进而保障项目各个要素之间的协调，达到项目的预期目标。此外，项目整体管理也可以称为集成管理，是项目管理的核心。

项目整体管理主要是为了保障项目中的各项工作能够有序实施。其主要通过制订合理的项目计划来协调各类项目活动。下面，我们介绍项目整体管理的特点以及内容。

1. 特点

项目整体管理的特点主要有 3 点，即综合性、全局性和系统性。

1）综合性

项目整体管理是要综合管理项目的所有方面、各个要素，包括需求、范围、采购、成本、质量等。

2）全局性

全局性是指在项目整体管理过程中，项目经理应该站在全局的角度去协调、控制项目的各个方面。全局性主要是为了最大化地实现项目目标。有时为了项目的最终目标，还会牺牲一些阶段目标。

3）系统性

系统性是指将整个项目当作一个系统来考虑，不仅要考虑项目内部的影响因素，还要考虑项目外部的影响因素。

2. 内容

项目整体管理需要整合并管理项目中的多个要素，具体内容如下。

- 整合并管理存在竞争关系的各个目标，如时间、成本等。
- 整合并协调有不同利益的项目干系人，如客户、分包商等。
- 整合并管理项目中不同专业之间的工作，如研发、测试等。
- 整合并管理项目中的各个过程。

3.1.2 项目经理

项目经理在整个项目中都发挥着重要的作用。在项目整合的过程中，项目经理作为一个整合者，需要站在项目整体利益的角度来协调整个项目。项目经理最核心的工作就是沟通、协调以及整合管理，因此要求其一定要有全局观。接下来我们来介绍一下项目经理的工作内容、权力、职责和素质。

1. 工作内容

作为整个项目中的整合者，项目经理需要做好以下几个方面的工作。

- 积极与项目干系人沟通，了解他们的需求，进而整合他们的需求和信息。
- 在相互竞争的子项目中寻找平衡点。
- 平衡协调项目中的各个方面，从而实现项目的最优。

2. 权力

一般来说，项目经理的权力主要包括生产指挥权、项目人事权、财务支配权、技术决策权、项目采购权，具体内容如下。

1）生产指挥权

项目经理可以在合同规定的范围内，在保证项目总目标不变的情况下，对项目的施工组织设计和网络计划进行优化和调整。

2）项目人事权

在不违反法律、法规的情况下，项目经理有权在规定的范围内选择、考核项目班子人员，指挥、奖惩项目团队中的各个人员。

3）财务支配权

在一定的范围内，项目经理有权决定项目团队内部资金的分配方式、分配原则等，同时项目经理还有权支配风险应变费用、赶工措施费用等。

4）技术决策权

为了防止出现因决策失误造成项目的重大损失，对于一些重大技术措施以及技术方案，项目经理有权对其进行审查并批准。值得注意的是，那些专业性较强、影响较大的重大技术措施和技术方案，需要邀请相关领域内的专家对其进行集中讨论，防止决策失误。

5）项目采购权

项目经理拥有的采购权主要是指，项目经理能够决定相关设备的型号、数量、进场的时间等。一般来说，项目经理没有项目中主要材料的采购权，不然会影响公司的效益。但是，如果主要材料没有按时、按质、按量到位的话，项目经理有权拒收或采取其他措施。

3. 职责

项目经理是负责整个项目的负责人，其对推进整个项目的工作有着重要的作用。在整个项目中，其职责主要有以下几个方面。

- 贯彻落实相关法律、法规，执行公司的各项管理制度，制定项目团队应该遵守的各项管理制度。
- 整合协调项目内部、外部的事项、影响因素等。
- 履行合同义务，监督合同执行，处理合同变更。
- 组建一个高效精干的项目团队，并定期考核、评价、奖惩等。
- 优化配置施工项目中的各种生产要素，如人力、材料、资金等。
- 及时作出决策。需要项目经理决策的事项，要及时决策，以免耽误工期。
- 负责组织编制项目阶段性目标、项目总体控制计划、项目质量计划等。

4. 素质

作为项目经理，在管理整个项目时，要有一定的基本素质。项目经理的基本素质主要包括 4 个方面，即项目经理对于项目所涉及的专业要有一定的了解，项目经理要有一定的财务知识和法律知识，项目经理对整个项目要有信心，项目经理在签订工程建设合同时不要带有感情因素。

3.1.3 相关概念

在了解完项目整体管理以及项目经理的基本情况之后，我们再来了解一下项目整体管理中的相关概念，其中包括项目论证、项目计划、项目控制。

1. 项目论证

项目论证主要是论证项目的可行性，其基本原则是先论证、再决策、后实施。论证的角度主要有技术、经济、实施、风险、融资。另外，项目论证主要包括 7 步，分别是情况调查、数据测算、信息分析、方案论证、项目九定、成果汇总、结果上报。

其中，项目九定是指经过论证而得出的九项结果，分别是项目目标、项目性质、项目空间、项目政策、项目工量、项目时间、项目标准、项目责任和项目权益。

2. 项目计划

项目计划主要是编制项目的具体工作和任务清单，主要内容包括项目的各个实施阶段，每个阶段的工作重点和任务，完成某个阶段工作需要的人力、资源和时间情况，阶段工作和任务的成果形式等。

在编制项目计划时，要遵循一定的原则，即目的性、系统性、经济性、动态性、相关性和智能性。另外，项目计划有以下 4 个特点。

- 可调节性。项目计划能够根据预测到的问题及时进行调整。
- 创造性。项目计划要有一定的创造性，项目计划编制人员要充分发挥自己的创造力和想象力。
- 分析性。项目计划要分析研究项目中内部、外部的各种因素，不能仅凭自己的想法而定。
- 响应性。项目计划要及时地响应各种问题，并提供多种可行方案。

3. 项目控制

项目的不确定性以及项目实施过程中有各种因素的干扰，因此项目可能会出现各种问题，进而偏离预期轨道。而项目控制便是将实际的情况与原计划进行对比，从而找出偏差，进而纠正的过程。

项目控制主要包括 7 个方面的内容，即群组环节控制、系统阶段控制、人员机构控制、风险损失控制、资源服务控制、产品技术控制、信息资源控制。另外，项目控制有以下 4 项准则。

- 项目控制的过程中一定要以项目计划为依据。
- 定期、及时检测项目的实施进展，并详细准确地记录项目的进展与变化。
- 随时检测并调整项目计划。
- 及时做好信息沟通、需求收集等工作。

3.2 六大过程：确保管理的完整度

项目整体管理主要有六大过程，具体情况如图 3-2 所示。本节我们来了解一下项目整体管理的六大过程。

图 3-2　项目整体管理的六大过程

3.2.1　制定项目章程

一般来说，项目章程主要是由项目的发起人编制或其联合项目经理编制的，项目的管理层签发，项目经理执行。值得注意的是，项目经理无权修改项目章程。如果需要修改项目章程，必须由管理层修改。也就是说，签发项目章程的人才能修改。

图 3-3 所示为制定项目章程的输入、工具与技术、输出情况。可以看出，经过这一过程，便可得到一份项目章程。

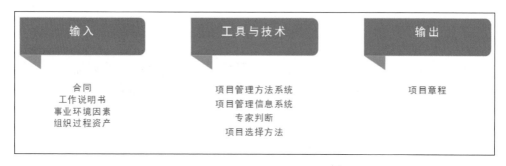

图 3-3　制定项目章程的输入、工具与技术、输出情况

下面我们介绍项目章程的作用、内容、事业环境因素和组织过程资产。

1. 作用

项目章程有以下三大作用。

- 项目章程的发布意味着正式宣布了项目的存在,对项目的开始实施赋予了合法的地位,同时正式任命项目经理并授权。
- 一个好的项目章程能够让项目团队对项目有一个整体的了解。
- 简单地规定了项目的范围,是项目范围管理的重要依据。

2. 内容

项目章程中主要包括商业论证和效益管理计划、高层级、判定标准和参与人员及其职责,如图 3-4 所示。

商业论证和效益管理计划	项目目的或批准项目的原因
	可测量的项目目标和相关的成功标准
高层级	高层级需求
	高层级项目描述、边界定义,以及主要可交付成果
	整体项目风险
	总体里程碑进度计划
	预先批准的财务资源
	关键相关方名单
判定标准	项目审批要求(用什么标准评价项目成功)
	项目退出标准(什么条件下关闭/取消项目)
参与人员及其职责	委托的项目经理及其职责和职权
	发起人或其他批准项目章程的人员的姓名和职权

图 3-4 项目章程的内容

3. 事业环境因素

事业环境因素主要是指对实现项目目标造成影响的因素,包括内部因素和外部因素。内部因素包括制度环境、资源环境和文化环境,如图 3-5 所示。而外部因素包括宏观环境、行业环境、相关方环境和物理环境。

4. 组织过程资产

组织过程资产由 5 类构成,分别是具体的政策、流程和程序、工作模板、工作指南和共享知识库,如图 3-6 所示。

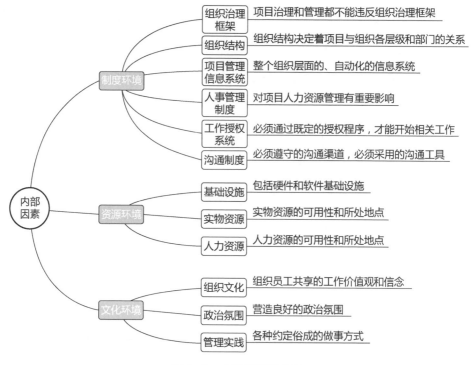

图 3-5 内部因素的内容

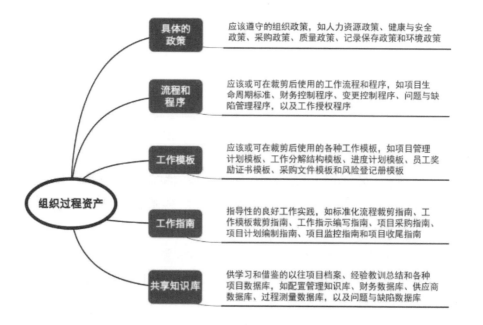

图 3-6 组织过程资产的具体内容

3.2.2 制订项目管理计划

项目管理计划确定了项目执行、监控和收尾的方式，主要是记录定义、编制、整合、协调所有子系统的行动。图 3-7 所示为制订项目管理计划的输入、工具与技术、输出情况。

图 3-7 制订项目管理计划的输入、工具与技术、输出情况

下面我们介绍制订项目管理计划的内容、过程和作用。

1. 内容

项目管理计划的主要内容为十大子管理计划、三大基准和其他组件，如图 3-8 所示。其中三大基准包括范围基准、进度基准和成本基准。

十大子管理计划（10个子计划）	三大基准(比较线)
范围管理计划	范围基准（范围说明书+WBS+WBS字典）
需求管理计划	
进度管理计划	进度基准（与实际结果比较依据）
成本管理计划	成本基准（项目预算）
质量管理计划	
资源管理计划	
沟通管理计划	
风险管理计划	**其他组件**
采购管理计划	变更管理计划
相关方参与计划	配置管理计划（定义了哪些是配置项）

图 3-8 项目管理计划的主要内容

2. 过程

项目管理计划的制订分为两大过程，一个是必要的计划过程，另一个是辅助的计划过程，如图 3-9 所示。

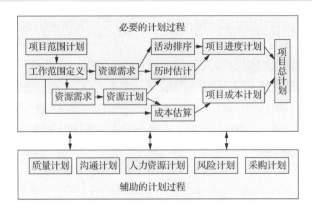

图 3-9 项目管理计划的制订过程

另外,项目管理计划主要是由项目经理和项目团队成员共同编制而成的。首先由每个项目成员编制出与自己工作相关的计划,然后逐层向上报告并汇总。因此,项目管理计划采用的是自下而上的编制方法。

3. 作用

制订一个完善的项目管理计划不仅能够促进项目中各成员之间的沟通,保证项目的顺利实施和项目目标的实现,还能使项目团队中的成员确定自己工作的目标,实现目标的方法、途径和期限等。此外,项目管理计划是项目实施的依据和指南,能够确立项目团队中各成员的工作职责、工作范围等。

值得注意的是,在制订好项目的管理计划之后,项目团队通常会召开项目开工会议,主要是为了传达本次项目的目标,说明每个相关方的角色和职责,获得团队对项目的承诺以及树立团队的信心。

3.2.3 指导与管理项目执行

在项目执行的过程中,为了实现项目的最终目标,一般会采取多种方式来执行项目管理计划。指导与管理项目执行主要是按照计划做事,即根据制订的项目管理计划执行计划中的工作。

图 3-10 所示为指导与管理项目执行的输入、工具与技术、输出情况。

指导与管理项目执行的主要任务包括创造项目的可交付成果,执行计划中的方法与标准,生成工作绩效数据,提出变更请求,收集和记录相关的经验教训等。

值得注意的是,在项目管理过程中,变更请求可能会由内部或外部直接或间接地提出。而变更请求包括 3 种,即纠正措施、预防措施和缺陷补救,如图 3-11 所示。

另外,可交付成果是项目收尾过程的依据和输入,是能够验证并核实的。而工作绩效数据主要是指以完成项目为目的而进行的执行项目活动的工作状态和中间输出,包括进度的进展情况、经验教训的积累等。可交付成果的流向如图 3-12 所示。

图 3-10　指导与管理项目执行的输入、工具与技术、输出情况

类型	解释	适用场合
纠正措施	为使项目工作绩效重新与项目管理计划一致而进行的有目的的活动	针对实际已经出现的偏差
预防措施	为确保项目工作的未来绩效符合项目管理计划而进行的有目的的活动	针对将来可能出现的偏差
缺陷补救	为了修正不一致的产品或产品组件而进行的有目的的活动	只针对质量管理

图 3-11　3 种变更请求的基本情况

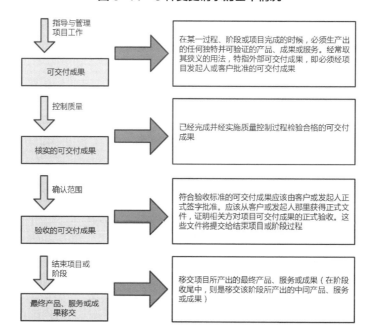

图 3-12　可交付成果的流向

3.2.4 监督与控制项目工作

监督与控制项目不仅是对项目执行过程进行监控,还要对项目的启动、计划、收尾等阶段进行监控,因此监控的工作贯穿了项目的始终。监控项目主要是跟踪、审查并报告项目的整体情况,包括监督、控制工作。

图 3-13 所示为监督与控制项目工作的输入、工具与技术、输出情况。其中工作绩效报告主要是将绩效数据和绩效信息进行汇总整理。而监控的结果便是通过评估项目绩效,从而决定是否需要采取纠正措施或预防措施。

图 3-13 监督与控制项目工作的输入、工具与技术、输出情况

下面我们介绍监督与控制项目工作的工具与技术、项目控制的方式和偏差处理。

1. 工具与技术

工具与技术主要包括专家判断、数据分析、决策和会议 4 种,其中数据分析还包括备选方案分析、成本效益分析、根本原因分析、挣值分析、趋势分析、偏差分析 6 种方式,基本情况如图 3-14 所示。

备选方案分析(选择)	出现偏差时要选择执行哪一个
成本效益分析(判断)	出现偏差时判断最好的那个 (项目成本出现差异时确定最佳的纠正措施)
根本原因分析(论述)	识别问题的主要原因
挣值分析(计算)	分析范围、进度、成本绩效
趋势分析(针对于未来)	预测未来绩效,必要时提出预防措施建议
偏差分析(当下的差距)	审查目标绩效与实际绩效的差距

图 3-14 6 种数据分析方式的基本情况

2. 项目控制的方式

项目控制的方式主要有正规控制和非正规控制、预防性控制和更正性控制、直接控制和间接控制。

1）正规控制和非正规控制

正规控制主要是指定期开展项目进展情况汇报会议；而非正规控制则是指项目经理以去项目管理现场的方式来了解项目情况。

2）预防性控制和更正性控制

预防性控制是指在预见可能会发生问题的基础上制定相应的措施；而更正性控制则是事后补救，即在问题出现后采取相应的措施来纠正偏差。

3）直接控制和间接控制

直接控制注重产生偏差的根源；而间接控制则注重的是偏差本身。

3. 偏差处理

监控项目工作是为了发现偏差、解决偏差，从而保障项目的顺利进行。那么出现了偏差，要怎么处理呢？图 3-15 所示为偏差处理的流程。我们可以按照以下方式来处理偏差。

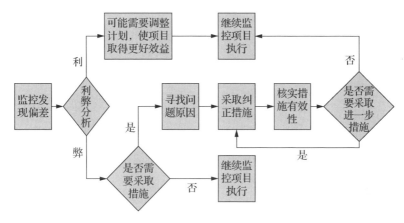

图 3-15　偏差处理的流程

3.2.5　实施整体变更控制

实施整体变更控制主要是审查、批准变更，并对可交付的成果、组织过程资产、项目文件、项目计划的变更进行管理等。图 3-16 所示为实施整体变更控制的输入、工具与技术、输出情况。

实施整体变更控制主要是为了查清项目过程中的变更情况，并且对造成变更的因素进行分析。此外，当变更出现的时候，也会采取一定的措施处理好变更。

图 3-17 所示为项目变更控制流程。变更控制委员会（change control board，CCB）主要包括高层经理、项目经理、配置管理负责人、质量保证负责人和测试负责人。进行 CCB 审批主要是为了分析变更的影响并确定变更活动。

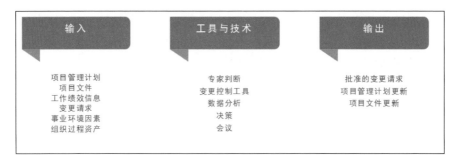

图 3-16　实施整体变更控制的输入、工具与技术、输出情况

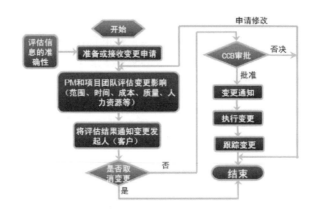

图 3-17　项目变更控制流程

值得注意的是，指导与管理项目执行、监督与控制项目工作、实施整体变更控制这三者之间存在一定的关系，具体如图 3-18 所示。

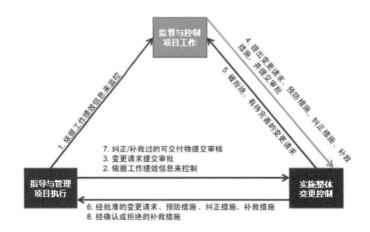

图 3-18　执行、监控、整体变更控制之间的关系

3.2.6 项目收尾

项目收尾是终结项目的过程。值得注意的是，只有顺利完成了项目或因意外而终止的时候才算结束。图 3-19 所示为项目收尾的输入、工具与技术、输出情况。

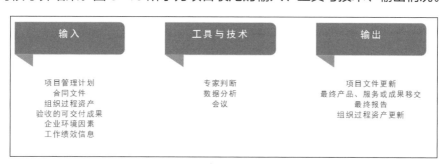

图 3-19 项目收尾的输入、工具与技术、输出情况

项目收尾包括主要活动收尾、项目最终报告、行政收尾和合同收尾等。行政收尾主要包括资料归档、经验教训的总结、工作绩效信息等；而合同收尾主要是在项目收尾阶段进行，属于采购过程组。图 3-20 所示为行政收尾与合同收尾的区别和联系。

	行政收尾	合同收尾
区别	项目和项目各阶段结束时都要进行	只在合同结束时进行一次
	针对项目的可交付成果进行产品核实	针对项目涉及的部分外购或外包的合同产品进行产品核实
	由项目发起人或主要干系人给项目经理签发产品接受的书面确认	由项目经理向卖方（比如供应商、分包商）签发合同结束的书面确认
联系	都要进行产品核实	
	都要对组织过程资产更新	
	就单个合同而言，合同收尾包括了行政收尾工作	
	就整个项目而言，合同收尾发生在行政收尾之前。如果是以合同形式进行的项目，在收尾阶段，先要进行采购审计，再进行合同收尾，最后进行行政收尾	

图 3-20 行政收尾与合同收尾的区别和联系

项目收尾一般包括十大步骤，即正式移交、移交结果、财务收尾、满意度调查、总结经验教训、文件更新、最终报告、文件归档、庆功会、释放资源。

第 4 章

范围管理:
确定工作的边界

项目范围管理作为项目管理的十大知识领域之一,对项目管理有一定的影响。在项目经理管理整个项目时,首先要做的是项目范围管理,确定项目工作的边界。本章我们来详细了解一下项目范围管理的基本内容。

4.1　基本概况：项目范围管理

项目范围管理是一种功能管理，其基本内容包括规划计划、规划分解等。本节我们介绍项目范围管理的基本情况。

4.1.1　项目范围

项目范围主要是根据范围规划的成果，将项目中主要可交付的产品及服务全部分解成更小、更易于管理的单元。其主要是描述以实现最终产品和服务为目的的各项具体工作。下面我们来了解一下项目范围的内容及其与产品范围的关系。

1. 项目范围的内容

项目范围主要包括两个方面，一个是项目产品范围，即项目产品或服务所包含的特征和功能；另一个是项目工作范围，即为了交付某种特定产品和服务所需完成的工作。

2. 项目范围与产品范围的关系

项目范围与产品范围既有区别又有一定的联系，具体如下。

1）目的

产品范围是客户想要的，是项目中服务与成果具有的特征和功能；而项目范围是为了达成需求，其主要是为了产品和服务具有某些特征而做的工作。

2）定义

项目范围是以所有产品范围的定义为基础的，但又不限于产品范围，还包括了相关的管理工作，如进度管理等。

3）衡量标准

两者的完成情况对照的计划要求不同，产品范围主要对照的是产品要求，而项目范围对照的是项目计划。

值得注意的是，有时候产品范围很大，而项目团队只是将其中的某一部分作为项目。而这时，两者又呈现交叉的关系。

4.1.2　项目范围管理的主要内容

项目范围管理主要是以实现项目目标为目的，对项目范围进行管理。其中包括为顺利完成项目范围所需的决策、计划、管理和控制等过程。下面具体介绍项目范围管理的作用、重要性、意义及过程。

1. 作用

做好项目范围管理是实现项目目标的第一步，对项目的顺利开展有重要的作用。具体来说，项目范围管理主要有以下三大作用。

1）提供框架

项目范围管理能够排除与完成项目目标无关的工作，然后通过 WBS 等工具为项目的实施提供任务范围的框架。

2）提供有效的控制

项目范围管理会对项目范围的绩效水平进行实时跟踪，当跟踪的数据出现偏差时，便会根据偏差来调整项目范围或是放弃某个项目来减少项目的损失。

3）提供依据

项目范围管理中的范围是指产品范围和项目范围，因此项目范围管理能够为最终的交付成果提供相关的依据。

2. 重要性

项目管理有十大知识领域，而项目范围管理是其中最重要的一个管理领域。项目范围管理的重要性主要体现在 3 个方面，具体内容如图 4-1 所示。

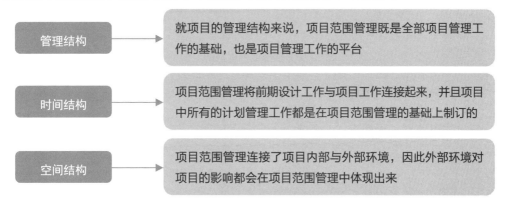

图 4-1 项目范围管理的重要性

3. 意义

项目范围管理主要有以下三大意义。

（1）项目组织开展项目范围管理能够提高估算项目费用、时间和资源等的准确性。明确了项目的具体工作范围，也就能够更好地明确项目的费用、时间和资源。

（2）项目范围管理还能够帮助项目团队明确分派的责任。项目团队明确了项目范围管理之后，便可以确定项目具体的工作任务。具体的工作任务明确了，项目团队便可以清楚地分派任务。

（3）项目范围还提供了项目进度衡量和控制的基准。做好项目范围管理是后续管理人员制订计划的前提。

4. 过程

项目范围管理主要包括两大过程组，分别是规划过程组和监控过程组。而这两大过程组还包括了六大过程，具体内容如图 4-2 所示。

过程组	管理过程	解释
规划	规划范围管理	为记录如何定义、确认和控制项目范围及产品范围而创建范围管理计划的过程
	收集需求	为实现目标而确定、记录并管理相关方的需要和需求的过程
	定义范围	制定项目和产品详细描述的过程
	创建工作分解结构（重要）	将项目可交付成果和项目工作分解为较小、更易于管理的组件的过程
监控	确认范围（重要）	正式验收已完成的项目可交付成果的过程
	控制范围	监督项目和产品的范围状态，管理范围基准变更的过程

图 4-2　项目范围管理的过程

4.1.3　项目三大基准

值得注意的是，项目有"三约束条件"，即范围、进度、成本，但是这三者也是项目的三大基准。图 4-3 所示为项目三大基准情况。

	项目范围管理	项目进度管理	项目成本管理
规划	规划范围管理（总）	规划进度管理	规划成本管理
	收集需求（分）	定义活动 排列活动顺序 估算活动持续时间	估算成本
	定义范围（总） 创建WBS	制订进度计划	制定预算
监控	确认范围 控制范围	控制进度	控制成本

图 4-3　项目三大基准情况

一般来说，在一个项目中，范围、进度、成本是相互影响、相互制约的。范围在一定程度上影响着进度与成本，如果项目确定的范围过大，那么完成该项目的时间就会拉长，且耗费的成本也会增加；而如果项目最初确定的范围较小，则完成该项的时间就会缩短，相应地，成本也会减少。

有些项目团队在最初确定项目范围时仅仅是粗略地确定，因此在后面实施计划时就会出现各种问题，如项目结束的时间无法确定，项目所投入的人力、物力也无法确定。这些情况就是因为项目团队没有控制并管理好项目的范围。由此可知，项目三大基准中最重要的还是范围。

4.2 全面感知：范围管理的内容

项目范围管理概括来说，主要是指全部和满意，如图 4-4 所示。其主要包括 6 个过程，分别是规范范围管理、收集需求、定义范围、创建工作分解结构、确认范围、控制范围。本节我们便来介绍项目范围管理的六个过程。

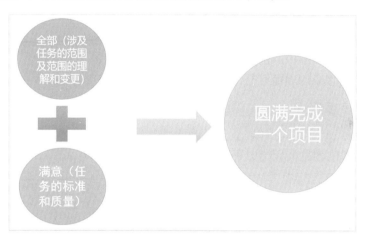

图 4-4　项目范围管理内涵

4.2.1　规范范围管理

在规范范围管理过程中，项目工作人员需要做的主要是记录怎么定义、确认并控制项目范围和产品范围，从而创建一个范围管理计划。规范范围管理的依据主要是项目章程、项目管理计划、事业环境因素、组织过程资产。图 4-5 所示为规范范围管理的输入、工具与技术、输出情况。由图可知，规范范围管理的结果为范围管理计划和需求管理计划，其具体内容如下。

图 4-5　规范范围管理的输入、工具与技术、输出情况

1. 范围管理计划

范围管理计划是对项目范围进行管理的计划文件，主要是针对项目范围的定义、制定、监督、控制、确认等内容进行描述。范围管理计划的内容主要包括以下 5 个方面。

- 明确项目范围的措施。
- 制定详细的项目范围说明书。
- 根据制定的项目范围说明书来创建 WBS。
- 明确审批和维护范围基准的措施。
- 验收已完成的项目可交付成果。

2. 需求管理计划

需求管理计划也可以称作商业分析计划，主要是描述怎么分析、记录并管理项目的产品需求，其内容主要包括以下 5 个方面，如图 4-6 所示。

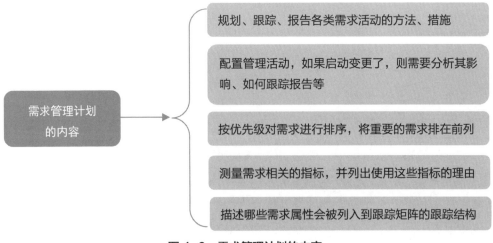

图 4-6　需求管理计划的内容

4.2.2 收集需求

顾名思义，收集需求便是收集相关方需求的过程，但是收集需求不仅是收集，还包括了确定、记录、管理等多个方面。该过程为产品范围和项目范围的定义奠定了基础。图 4-7 所示为收集需求的输入、工具与技术、输出情况。

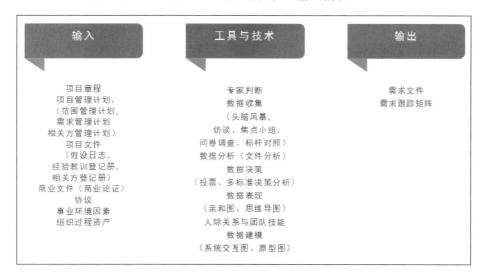

图 4-7 收集需求的输入、工具与技术、输出情况

下面，我们来介绍收集需求的相关内容。

1. 工具与技术

收集需求的工具与技术主要包括专家判断、数据收集、数据分析、数据决策、数据表现、人际关系与团队技能、数据建模，下面我们就其中的几种工具与技术作简要介绍。

1）数据收集

数据收集主要有 5 种方式，分别头脑风暴、访谈、焦点小组、问卷调查、标杆对照，具体内容如下。

- 头脑风暴原是属于精神病理学上的用语，现在其意思引申为没有限制的自由讨论，主要目的是产生新观念、新创意。
- 访谈的形式可以是一对一，也可以是一对多，通过交谈的方式来获取管理层及其他干系人的需求信息。
- 焦点小组。这种方式主要是将相关方和主题专家召集在一起，然后由主持人引导大家一起讨论，从而收集相关数据。
- 问卷调查。这种方式受众广，而且收集信息的速度也快。这种方式适合时间比较紧、产品或服务受众多样化、受访者地理位置比较分散等情况。
- 标杆对照。标杆对照主要是将实际产品的数据与同类的相关产品的数据进行比较，进而收集相关改进意见。

2）数据决策

数据决策主要包括投票、多标准决策分析两种方式，其中多标准决策分析是指在有冲突且不能共存的情况下集中进行选择的决策。此外，多标准决策分析主要可以分为两大类，一类是多属性决策，另一类是多目标决策。

3）数据建模

数据建模的主要工具有系统交互图和原型图，具体内容如下。
- 系统交互图主要展示的是系统中各个对象之间的关系和对象之间信息传递的情况，如图 4-8 所示。通过制作系统交互图能够帮助项目团队更加清晰地明确项目干系人的需求。

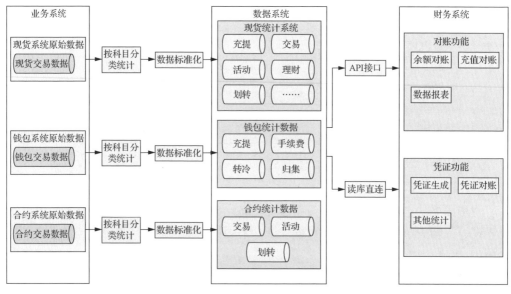

图 4-8 系统交互

- 原型图。原型图是指在实际的产品制作出来之前，先制造一个模型，然后据此来征集大家的需求，这种方式在广告、教学设计等项目中使用得比较多。

2. 需求文件

产品规格说明书便是需求文件。需求文件主要是以文件的形式来介绍每个单一的需求如何满足与项目有关的业务需求，以及记录需求。其作用主要包括 3 个方面，具体内容如下。
- 识别了应该纳入范围的需求，且用于证明符合项目范围。

- 比较需求与实际的结果,来确定是否应该变更需求,采取纠正措施或预防措施。
- 可用来判断任何已定的项目范围或产品范围是否发生偏离。

需求文件的内容有高层级需求、业务需求、相关方需求、解决方案需求、过渡和就绪需求、项目需求、质量需求、沟通需求和资源需求。其中解决方案需求还包括功能需求、非功能需求、业务需求和技术解决需求。

3. 需求跟踪矩阵

需求跟踪矩阵能够跟踪每个项目需求的状态,是能够管理需求的变更和验证需求是否实现的一种工具。需求跟踪矩阵分纵向跟踪矩阵和横向跟踪矩阵两种。表 4-1 所示为需求跟踪矩阵示例。

表 4-1 需求跟踪矩阵示例

需求跟踪矩阵									
项目名称	娱乐健康内联网项目								
成本中心	娱乐健康内联网的维护运营								
项目描述	在现有的网络上再提供一个帮助公司员工改善其健康状况的应用程序								
标识	关联标识	需求描述	业务需要、机会、目的和目标	项目目标	WBS 可交付成果	产品设计	产品开发	测试案例
001	1.0	公司员工可以参加公司举办的娱乐和健康项目	让公司员工能够参与娱乐和健康项目,改善健康	提高公司员工健康状况	员工参加娱乐和健康项目选项	公司员工可以选择参加娱乐和健康项目	前端和后端开发	公司员工点击参加娱乐和健康项目
	1.1	公司能发布娱乐和健康项目	让公司员工能够参与娱乐和健康项目,改善健康	提高公司员工健康状况	公司举办娱乐和健康项目列表	公司员工可以查询娱乐和健康项目列表	前端和后端开发	使用足球、垒球、保龄球、慢跑、行走及其他运动作为文娱节目列表进行测试
002	2.0	公司员工可以参加公司举办的训练班和项目	帮助公司员工控制体重、释放压力和处理其他健康问题	提高公司员工健康状况	员工参加训练班项目选项	公司员工可以选择参加训练班项目	前端和后端开发	公司员工点击参加训练班项目

续表

标识	关联标识	需求描述	业务需要、机会、目的和目标	项目目标	WBS 可交付成果	产品设计	产品开发	测试案例
002	2.1	公司能发布训练班和项目	帮助公司员工控制体重、释放压力和处理其他健康问题	提高公司员工健康状况	公司举办训练班项目列表	公司员工可以查询训练班项目列表	前端和后端开发	使用瑜伽班、减脂班、增肌班、拳击班作为训练班列表进行测试
003	3.0	公司员工能追踪参与这些娱乐和健康管理计划的数据	公司员工能根据相关数据制订接下来的训练计划	公司员工能追踪健康数据	公司员工参与娱乐和健康管理计划列表	公司员工能查看参与娱乐和健康管理计划列表	前端和后端开发	公司员工参加行走和瑜伽班项目后,在娱乐和健康计划列表中可以查询到相关信息

需求跟踪矩阵能够帮助项目团队更好地完成项目范围管理,其作用主要包括以下几点。

- 目前,需求跟踪矩阵是分析变更波及范围影响的最有效的工具。
- 为管理产品范围提供了框架。
- 需求跟踪矩阵将需求与业务目标或项目目标联系在一起,使得每个需求都有一定的商业价值。
- 查看产品是否满足客户需求、可交付的成果是否满足相关方的期待。

4.2.3 定义范围

定义范围主要是指制定项目和产品描述的过程,其作用在于明确哪些收集需求可以列入项目范围内,哪些则不能放在项目范围内,进而确定项目、服务或成功的边界以及验收的标准。图 4-9 所示为定义范围的输入、工具与技术、输出情况。

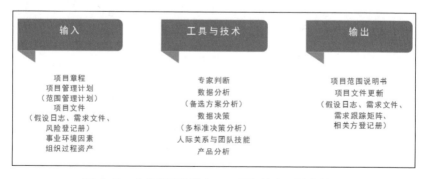

图 4-9 定义范围的输入、工具与技术、输出情况

值得注意的是，在定义范围过程结束后，会输出一项文件，即项目范围说明书，如图 4-10 所示。项目范围说明书为未来的决策提供了一个管理基准，是项目文档中最重要的文件之一。

序号	内容	内容要求
1	项目名称	·某某汽车门锁研发项目
2	项目描述	·该项目是为满足客户新需求而研发的配套项目，需具备高强度、易操作的特点，能实现遥控、密码识别等功能
3	绩效标准	·时间：工期7个月（2008年10月至2009年4月），12月底提供样件，次年3月形成批量供货能力 ·费用：预算1200000元，其中500000元用于购买测试设备 ·质量：设计图纸应获得客户的确认，样件符合图纸要求，按时提交样件并获得客户的接受，按要求形成批量生产能力
4	交付成果	·项目计划书；图纸；100套样件；样件测试报告；每月一次的项目进展报告；项目验收报告
5	制约因素	·样件必须在正式生产线上完成 ·必须制作100套样件 ·样件测试必须在客户的生产线上
6	假设前提	·具备开发技术 ·客户对样件的几何尺寸、材料结构参数、性能要求明确 ·样件制作工具及设备具备 ·生产设备具备

图 4-10 项目范围说明书示例

一般来说，一个详细的项目范围说明书应该包含范围描述、验收标准、可交付成果、项目的主要责任、制约因素以及假设条件等 6 项内容。另外，项目范围说明书最主要的内容还是以下 3 个方面。

1. 合理性说明

合理性说明主要的内容是解释实施这个项目的目的，能够作为以后评估项目利弊关系的基础。

2. 项目目标

每个项目都会有项目目标，其主要是指项目所要达到的产品或服务效果。在项目范围说明书中，项目目标一定要明确并写入其中。

3. 清单

这里的清单是指项目可交付成果清单。当清单中的某项目标完成，并交付给了相关用户，那么也就标志着项目某个阶段完成或者项目的完成。

4.2.4　创建工作分解结构

创建工作分解结构即制作 WBS，主要的工具与技术包括专家判断和分解两种方式。图 4-11 所示为创建工作分解结构的输入、工具与技术、输出情况。下面我们介绍范围基准和项目目标的情况。

输入	工具与技术	输出
(1) 项目管理计划 范围管理计划 (2) 项目文件 项目范围说明书 需求文件 (3) 事业环境因素 (4) 组织过程资产	(1) 专家判断 (2) 分解	(1) 范围基准（范围说明书、WBS、WBS字典） (2) 范围文件更新 假设日志 需求文件

图 4-11　创建工作分解结构的输入、工具与技术、输出情况

1. 范围基准

WBS 的作用就是范围基准。
- 帮助项目人员周全地考虑项目范围，防止遗漏内容。
- WBS 是项目相关方之间沟通的基础文件，使得项目相关方对项目的范围有一致的认识。
- 项目范围基准是编制项目进度计划、成本计划等的基础。
- 项目范围基准是进行项目组织设计和项目执行监控的依据，并且可以根据其考核项目是否完工。

2. 项目目标

值得注意的是，工作分解结构有着不同的层级，分解主要是自上而下逐层进行分解。另外工作分解结构中包含了 4 个要素，具体内容如图 4-12 所示。

创建工作分解时，有一定的分解规则，即 100%规则、滚动式规则和 8/80 规则，具体内容如下。

- 100%规则。在 WBS 中包括了项目的全部工作和产品，如项目管理工作和一些分包出去的工作。100%规则是指将底层的全部工作逐层向上汇总，确保没有遗漏，也没有增加。
- 滚动式规则。在 WBS 结构中，一些现在不能完成的可交付成果和子项目，现在还不能分解，只有等到信息明确后才能制定对应的细节。一般来说，WBS 分解最好是 4~6 层，并且各要素之间是独立的。
- 8/80 规则。8/80 规则是指在 WBS 结构中，工作包的大小应该确保在 8 小时内完成，并且完成的总时间不应该超过 80 小时。

要素名称	解释
里程碑	在每个分解单元中都存在可交付成果和里程碑，里程碑标志着某个可交付成果或者阶段的正式完成。里程碑没有持续时间，它们只是表示活动完成的
控制账户（节点）	控制账户是一种管理控制点，在改控制点上，将范围、预算、实际成本和进度加以整合，并将它们与挣值进行比较，以测量绩效；一个控制账户可以包括一个或多个工作包，但是每个工作包只能属于一个控制账户（工作不可重复）
规划包	规划包是在控制账户之下，工作内容已知但尚缺乏详细进度活动的WBS组成部分。规划包是暂时用来做计划的。随着情况逐渐清晰，规划包最终将被分解成工作包及相应的具体活动
工作包	工作包位于WBS每条分支最底层的可交付成果或项目组成部分。作为一种经验法则，8/80规则建议工作包的大小应该至少需要8小时来完成，而且完成的总时间也不应该超过80小时

图 4-12　工作分解结构的 4 个要素

4.2.5　确认范围

　　确认范围是指确认并验收可交付的成果。一般来说，验收包括内部验收和外部验收。内部验收主要是由项目经理进行验收；而外部验收则主要是由相关方进行验收，并在验收报告上签字。另外，验收的核心标准是外部验收的成功。

　　确认范围这一过程能够使验收过程更具客观性，并且确认每个成果能交付成功，提高最终产品、服务或成果获得验收的可能性。此外，这一过程应该贯穿项目的始终。当项目提前终止时，这一过程便可以记录项目的完成情况。

　　图 4-13 所示为确认范围的输入、工具与技术、输出情况。从该图中可以看出，确认范围输出主要包括验收的可交付成果、工作绩效信息、变更请求以及更新后的项目文件。

输入	工具与技术	输出
(1) 项目管理计划 　范围管理计划 　需求管理计划 　范围基准 (2) 项目文件 　经验教训登记册 　质量报告 　需求文件 　需求跟踪矩阵 (3) 核实的可交付成果 (4) 工作绩效数据	(1) 检查 (2) 决策 　投票	(1) 验收的可交付成果 (2) 工作绩效信息 (3) 变更请求（没达到要求就变更） (4) 项目文件更新 　经验教训登记册 　需求文件 　需求跟踪矩阵

图 4-13　确认范围的输入、工具与技术、输出情况

值得注意的是，这一阶段我们还要明确确认范围与控制质量、项目收尾之间的情况，图 4-14 所示为确认范围与控制质量、项目收尾三者的比较分析。

过程/术语	比较分析
确认范围与控制质量	确认范围主要关注对可交付成果的验收； 控制质量主要关注可交付成果的正确性及是否满足质量要求； 质量控制通常先于确认范围进行，但两者也可以同时进行，质量控制属于内部检查，而确认范围则由外部相关方(客户或发起人)主导
确认范围与项目收尾	确认范围强调的是核实及接受可交付成果，项目收尾强调的是结束项目或阶段所要做的流程性工作；确认范围与项目收尾都有验收工作，确认范围强调验收项目可交付成果，项目收尾强调验收产品
从检查的详细程度来说，确认范围和质量控制是递进的、越来越细的检查过程	

图 4-14　确认范围与控制质量、项目收尾的比较分析

4.2.6　控制范围

控制范围主要的工作内容包括以下 3 个方面。
- 管理控制影响变更的主要因素和环境。
- 明确并分析项目干系人提出变更的合理性以及可行性。
- 明确范围是否发生了变动，当控制范围发生变动时，项目团队就需要对实际的变更情况进行管理。

图 4-15 所示为控制范围的输入、工具与技术、输出情况。其中控制范围的工具与技术包括趋势分析和偏差分析。趋势分析主要是查验随着时间的改变，项目绩效产生的变化情况，用于判断未来；而偏差分析则是着眼于当下，比较数据基准和实际的结果。

输入	工具与技术	输出
(1) 项目管理计划 范围管理计划 需求管理计划 变更管理计划 配置管理计划 范围基准 (2) 项目文件 经验教训登记册 需求文件 需求跟踪矩阵 (3) 工作绩效数据 (4) 组织过程资产	数据分析 偏差分析 趋势分析	(1) 工作绩效信息 (2) 变更请求 (3) 项目管理计划更新 范围管理计划 范围基准 进度基准 绩效测量基准 (4) 项目文件更新 经验教训登记册 需求文件 需求跟踪矩阵

图 4-15　控制范围的输入、工具与技术、输出情况

图 4-16 所示为控制范围的过程,包括变更请求、分析与评价、批准或拒绝、处理、执行 5 个过程。

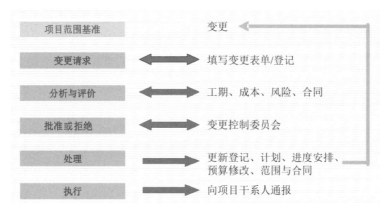

图 4-16　控制范围的过程

第 5 章

时间管理：
按时完成的关键

每个项目都有一个开始时间和结束时间。按时、保质完成项目是每个项目管理者想要达到的目标，但是工期拖延的事情常常发生。因此在管理项目时一定要做好时间管理。本章我们来了解一下项目时间管理的具体内容。

5.1 必要知识：项目时间管理概况

项目时间管理是项目管理中的一个关键内容，做好时间管理能够使项目有条不紊地进行下去。本节我们介绍关于项目时间管理的相关内容。

5.1.1 时间的概念

时间有两个概念，分别是时刻和时段，是人类用来描述事件发生过程、物质运动过程的参数。生活中常用的时间单位有日、月、年。时间有 4 种形式，具体内容如图 5-1 所示。

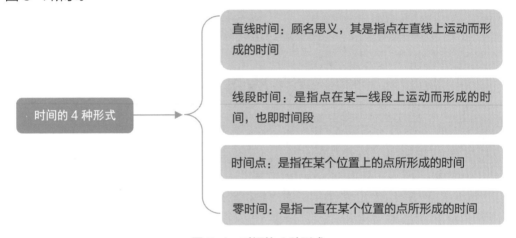

图 5-1 时间的 4 种形式

值得注意的是，时间有六大特征，即不可或缺、不可替代、不可暂停、不可储存、供给无弹性、不可逆转。

5.1.2 时间管理的概念

时间管理是指通过使用一定的工具或方法来灵活、有效地运用时间，从而实现既定目标的过程。其目的在于决定什么事该做，什么事不该做。另外，时间管理的一个最重要的功能是在项目管理过程中，通过事先规划，可以将其作为一种提醒与指引。下面我们来了解一下时间管理的基本情况。

1. 研究历史

人们很早便开始了对时间管理的研究，经过多年的发展，时间管理理论已经出现了第四代，而具体的时间管理的研究历史如下。

1）第一代

第一代对于时间的管理主要是利用便条和备忘录，在忙碌的工作中来调整时间和精力。

2）第二代

第二代已经注意到规划未来的重要性，开始有准备地制定目标和规划。第二代管理的工具主要强调的是日历和日程表。

3）第三代

第三代主要注重的是时间的平衡和权重，根据轻重缓急来制定短期、中期、长期目标，然后再设定每日的目标计划，从而将有限的时间、精力充分地利用起来，争取实现最高的效率。

时间管理理念有很多的可取之处，但是也有很多不足之处，例如，该理念过分强调效率，将时间安排得过于紧张，从而使人们失去了完成后的喜悦，也就失去了动力。

4）第四代

第四代理论又称为罗盘理论，注重的是分工与合作，弱化了对效率的关注。其强调的是目标和方向，把价值、成功、贡献当作时间管理的中心。此外，第四代理论的关键不在于时间管理，而在于个人的管理和分工合作的授权管理。

2. 时间管理的阶段

人们对于时间的管理也在不断地发展，可以分为3个阶段，如图5-2所示。

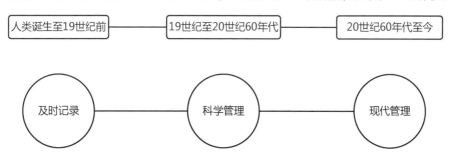

图5-2 时间管理发展的3个阶段

下面我们来了解一下各阶段的具体内容。

1）第一阶段（及时记录）

第一阶段是指19世纪以前。在这一阶段中，人们认为圆形运动和重复发生是时间的基本特征，并且能认识到时间的价值，想要珍惜时间，可通过及时记录的手段来管理时间。在这一阶段，非定量化、初步是人们管理时间的基本特点。

2）第二阶段（科学管理）

随着人们对时间的认识加深，人们理解时间的基本特征由原来的圆形运动、重复发生转变成直线型、不可逆性。在这一阶段，人们想要节约时间、提高工作效率，就开始了对时间进行量化的科学管理。

3）第三阶段（现代管理）

第三阶段的时间是20世纪60年代至今。在这一阶段，人们对时间的认识进一步加深，认为时间变化是一种螺旋上升的复合运动。

3. 时间管理的方法

时间管理的方法有很多，但完成每一件事（getting things done，GTD）、6点优先工作制、ABC分类法、时间"四象限"法这4种方法集各方法之长。下面我们介绍这4种方法的具体情况。

1）GTD

GTD是来源于大卫·艾伦（David Allen）创作的一本书《Getting Things Done》。在此书中，大卫·艾伦提出了GTD的基本办法，该办法主要分为5个步骤，如图5-3所示。

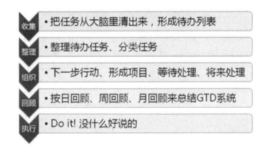

图5-3　GTD基本办法的5个步骤

GTD主要有两大目的，其一是要将能够引起人们注意的一切东西都放入"收集篮"里；其二是要清空大脑，同时达到"心如止水"的境界。其原则主要有3点，分别是逐项处理，一次处理一件事情，处理过的事情就不要再放回到"收集篮"中。

大卫·艾伦在书中从微观到宏观、从具体到抽象系统、全面地阐述了GTD这一完整理论。总的来说，GTD是指要将掌控和视角两方面结合起来，从而做时间的真正主人，高效地管理好时间。图5-4所示为GTD的高度概括。掌控是指GTD的5大步骤，而视角则是指《Getting Things Done》一书中提出的工作和人生的六大高度，如图5-5所示。

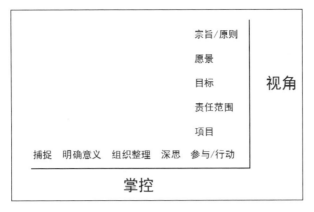

图 5-4 GTD 的高度概括

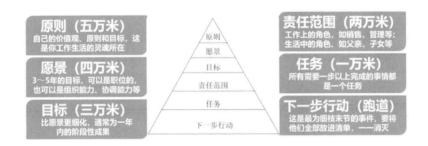

图 5-5 工作和人生的六大高度

根据大卫·艾伦提出的 5 个步骤、六大高度，可以帮助我们建立一个高效时间管理的矩阵模型，如图 5-6 所示。

图 5-6 高效时间管理的矩阵模型

由图 5-6 可以看出，只有当视角、掌控都处在了最高的水平时，才可以成为舰长和指挥官，这个时候大家的精力是不受外力所影响的。

2）6 点优先工作制

6 点优先工作制是由效率大师艾维·利提出的，其使一家美国钢铁公司在 5 年的时间内从濒临破产一跃成了当时全国最大的私营钢铁企业。

6点优先工作制主要就是让大家把每天要做的事情根据重要性分别从1到6进行排序，然后大家每天从早上开始，先做第1件事情，直到第1件事情做好或做好准备，然后再全力以赴做第2件事情，以此类推。图5-7所示为6点优先工作制表。

6点优先工作制表

序	今日事务全记录	量化目标	完成状态
1			
2			
3			
4			
5			
6			
7			
8			

图5-7　6点优先工作制表

6点优先工作制主要有4个步骤，分别是制定目标、按照周工作计划制订日工作计划、预估每项工作需要完成的时间、工作布置后追踪查询。另外，6点优先工作制的注意事项如图5-8所示。

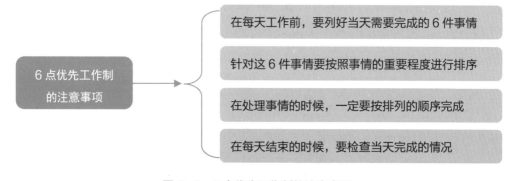

图5-8　6点优先工作制的注意事项

为什么是6点呢？因为艾维·利认为，在正常情况下，如果人们可以每天都努力地做好6件事情，那么这个人就可以成为高效率人士了。

3）ABC分类法

ABC分类法是根据事物在技术或经济方面的主要特征进行分类的方法，因为主要将对象分为A、B、C 3类，所以被称为ABC分类法。图5-9所示为ABC分类法案例。其将客户作为被分析的对象，把客户按重要程度分为A、B、C 3类。因为

A 类客户更为重要，所以 A 类客户用 80%的时间、精力、资源来对待，而其余客户的重要程度不高，所对应的时间、精力和资源就相对较少。

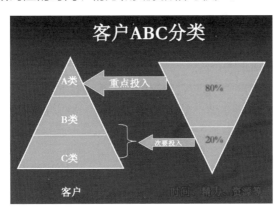

图 5-9　ABC 分类法案例

4）时间"四象限"法

时间"四象限"法是由美国的管理学家科维提出的。该方法主张将事件根据重要程度和紧急程度来划分，其主要可以分为四个"象限"，如图 5-10 所示。

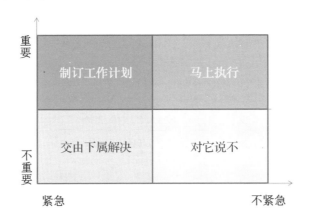

图 5-10　时间四象限法

- 第一象限是重要且紧急的事情，需要人们马上去执行，如住院动手术、马上到截止日期的工作等。
- 第二象限是重要但不紧急的事情。这种事情一般与人们的生活品质有关，可以通过制订工作计划来完成，如学习技能、建立人际关系等。
- 第三象限是不重要但是很紧急的事情，如不重要的会议、突然到来的访客等，这种事情可以交由下属去解决。
- 第四象限是不重要且不紧急的事情，人们可以减少对这类事情的投入。一般来说，阅读一部没有价值、无聊的小说，观看毫无内容的电视节目等都属于这一象限。

4. 时间管理的11条金律

值得注意的是，时间管理有11条金律，具体内容如下。

1）与自己的价值观吻合

与自己价值观吻合的前提是要有自己的价值观，因此在此之前一定要树立自己的价值观，然后知道自己想要的是什么，什么是对自己最重要的，这样才能更好地制定目标。

2）明确目标

时间管理的目的是以最高效的手段实现自己的目标，因此一定要明确自己的目标。目标可以是多个，但是要确定一个核心目标，然后按照重要性依次排列，最后再根据这些目标制订计划，实施计划。

3）改变想法

美国心理学之父威廉·詹姆斯做过一些研究，研究发现，对于一些很不喜欢，但又必须完成的工作，人们有两种态度，一种是采用了拖字诀，能拖尽量拖；另一种是马上动手做，早做完早摆脱掉。

从这两种态度来看，往往第二种的效率会更高，因此要学会改变自己的想法，强迫自己去做你正在拖延的事情，将最不想做的事情先做，这样你才会更有效率地完成自己的工作。

4）二八定律

二八定律又名80/20定律、帕累托法则。生活中会有很多事情需要去处理，有的重要但不紧急，有的紧急但不重要。人们往往花最多的时间去处理突发的事情，但这样的时间管理是不理想的。成功人士最先处理的往往都是那些重要的事情，而不是紧急的事情。

5）"不被打扰"的时间

安排一定的"不被打扰"的时间往往可以帮助你提高工作效率。在"不被打扰"的时间内，专注思考自己的工作、学习，有时可以抵过你一天的工作、学习的效率。

6）严格规定结束时间

如果不给出工作的结束时间，大家往往会能拖便拖，完成的时间大大超过了本该完成的时间。帕金森曾在书中写道："你有多少时间完成工作，工作就会自动变成需要那么多时间。"也就是说，当你有半天的时间完成某项工作时，该工作便会需要半天来完成，而你也会用这半天的时间来完成它。

7）时间日志

做时间日志就好像是记账，记录自己每天做什么事情花费了多少时间，如乘坐公交车用了多少时间、晚上洗漱用了多少时间等，然后找到浪费时间的根源，从根源上减少时间的浪费。

8）理解时间与金钱的关系

时间大于金钱，因为时间是不可逆转的。知名企业家曾经说过，如果可以，想要用自己的金钱去换取别人的年龄。金钱没有了可以再赚，而时间过去了就真的没有了，因此要学会珍惜时间，用有限的时间去做更多的事情。

9）列清单

好记性不如烂笔头，自己的大脑不可能把每件事情都记住，要学会列清单，清楚自己什么时间要做什么事情，让自己随时随地都能明确自己手头上的工作情况。

10）重复的事情一次做好

当你在做一件事情的时候，最好是把这件事情弄通弄懂，后面再去做同样事情的时候才能熟能生巧，提高自己的工作效率。

11）优先做最有效率的事情

在做计划的时候，一定要将最重要的事情放在最前面，了解哪些事情对你来说是最重要的，然后重点去做这几件事情。

5. 时间管理的意义

做好时间管理能够帮助人们减轻工作压力，做好工作计划，提高组织的效能并促进目标的达成。一位优秀的时间管理者能够用最少的时间做最有效的事情，能够让自己或他人迅速地适应工作量上的变革，及时调整工作计划，从而顺利完成工作任务。

5.1.3 项目时间管理

项目时间管理主要是为了保障项目能够按时完成，其又可以称为项目工期管理、项目进度管理。目前，国内外分别对项目时间管理做了一些研究，国外有亨利·甘特的甘特图、杜邦公司的关键路径法（critical path method，CPM）以及北极星计划应用的计划评审技术（program evaluation and review technique，PERT）。国内主要有郭阳等人的数学模型和王亚平的有向模糊网络图。

关键路径法最早出现于 20 世纪 50 年代，是项目管理中的一个关键概念。其包括了多个活动节点，如图 5-11 所示。

最早开始(ES)	持续时间(DU)	最早结束(EF)
活动名称		
最晚开始(LS)	总浮动时间(TF)	最晚结束(LF)

图 5-11 关键路径法的各活动节点

值得注意的是,关键路径法有两种计算方式,一种是正推法,另一种是逆推法。图 5-12 所示为正推法案例。

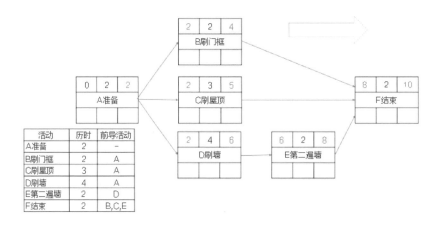

图 5-12 正推法案例

5.2 六大阶段:项目时间管理的内容

时间是一个变量且没有灵活性,不管项目发生了什么,时间都会过去。因此,要想在规定的时间内完成项目,最重要的就是要做好时间管理。那么,如何进行项目的时间管理呢?主要可以通过六大阶段来实现,如图 5-13 所示。

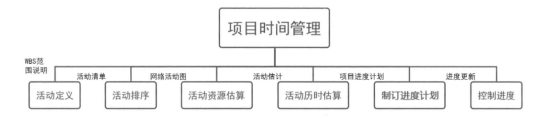

图 5-13 项目时间管理的六大阶段

本节我们介绍这六大阶段的具体内容。

5.2.1 活动定义

活动定义主要是在项目范围管理的基础上,再进一步将项目分解成为更小的、更容易管理的活动或任务。其输入、工具与技术、输出情况如下。

1. 输入

活动定义阶段输入主要包括 6 个方面，分别是企业环境因素、组织过程标准、项目范围说明、工作分解结构、WBS 字典和项目管理计划。

2. 工具与技术

活动定义阶段的工具与技术主要包括 5 种，分别是分解、滚动式规划、专家判断、模板、规划组成部分。下面我们针对前 3 种为大家做详细介绍。

1）分解

分解是在一定的逻辑基础上把项目的范围和可交付成果划分为更小的组成部分。一般来说，这些组成部分是单个活动，并且有一个清晰的责任人，能够估算工作量和工期，其活动的长度应该在两周之内。

2）滚动式规划

滚动式规划是一种近细远粗的规划。远期工作的信息缺乏，可暂时不分解，但是近期的信息都比较完善，能够详细分解。因此，对于近期的工作要详细规划，远期的工作要粗略规划。值得注意的是，天气预报就是一种滚动式规划。

3）专家判断

在制定相关的说明书、计划方面，如果与具有一定经验的专家合作，听取他们的意见，就能够帮助项目团队制定出更加科学的、专业的相关文件。

3. 输出

活动定义中的输出主要包括活动清单、更新过的 WBS 和 WBS 字典、活动清单属性和里程碑清单，具体内容如下。

1）活动清单

在这个过程中，需要将所有的活动都列成一个清单，这样才能让项目团队清楚具体的任务有哪些、有多少。

值得注意的是，活动清单内容主要包括活动编号、活动名称、活动历时、活动描述、活动负责人、活动成果和备注。

2）更新过的 WBS 和 WBS 字典

在活动定义阶段，项目活动分解得更加深入，因此 WBS 也需要进行修改，项目团队会对 WBS 和 WBS 字典进行更新。

3）活动清单属性

除了活动清单以外，还要输出一份活动清单属性，如图 5-14 所示。

4）里程碑清单

图 5-15 所示为典型的项目里程碑清单，里程碑清单可以更好地帮助项目管理者了解项目的进度情况，从而及时调整策略。

活动清单属性	
活动标志	
活动编号	
活动名称	
先行活动	
后继活动	
逻辑关系	
提前或滞后	
资源要求	
强制日期	
制约因素	
假设	
执行人	

图 5-14　活动清单属性

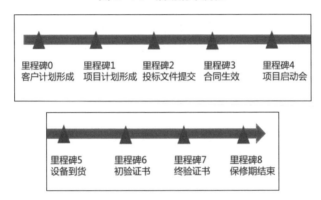

图 5-15　典型的项目里程碑清单

值得注意的是，项目里程碑清单不仅标注了项目中的重要时点或事件，还指明了每个里程碑是强制性的（合同要求的）还是选择性的（根据历史信息确定的）。

5.2.2　活动排序

在将每个活动都进行分解、细化后，就要确定各个活动之间的关系了。活动排序就是要识别活动清单中各个活动的先后依赖关系，然后根据它们的关系来安排并确定工作。下面我们了解一下活动排序的有关内容。

1. 排序依据

项目活动排序的依据如图 5-16 所示。

2. 输入

活动排序环节中需要输入的文件有活动清单、活动清单属性、项目范围说明书和里程碑清单。

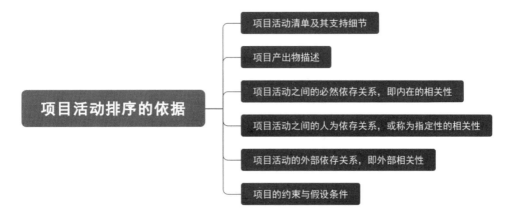

图 5-16　项目活动排序的依据

3．工具与技术

在这一环节需要用到的工具与技术主要有 4 种，分别是前导图法、箭线图法、确定依赖关系、提前和滞后，具体内容如下。

1）前导图法

前导图法也可以称作单代号网络图法，活动用方框表示，一般会标注开始时间、完成时间和持续时间，箭头则是表示各个活动之间的关系。图 5-17 所示为前导图法示例。

图 5-17　前导图法示例

值得注意的是，前导图法还包括了活动之间存在的 4 种类型的依赖关系，具体内容如下。

- 完成—开始的关系（finish-start，FS），这种关系主要是指在任务 B 开始之前，任务 A 必须要完成，如图 5-18 所示。

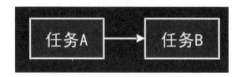

图 5-18　完成—开始的关系

- 开始—开始的关系（start-start，SS），这种关系主要是指两个任务可以同时开始，但是任务 B 不能在任务 A 开始之前开始，如图 5-19 所示。

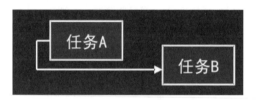

图 5-19　开始—开始的关系

- 完成—完成的关系（finish-finish，FF），这种关系主要是指两个任务可以同时完成，但是任务 A 要在任务 B 之前完成，如图 5-20 所示。

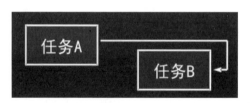

图 5-20　完成—完成的关系

- 开始—完成的关系（start-finish，SF），这种关系主要是指在任务 B 完成之前，任务 A 必须开始，如图 5-21 所示。

图 5-21　开始—完成的关系

2）箭线图法

箭线图法又可以称为双代号网络图法，其中圆圈或节点表示的是活动的开始点或结束点，而箭线则是指活动。图 5-22 所示为箭线图示例。

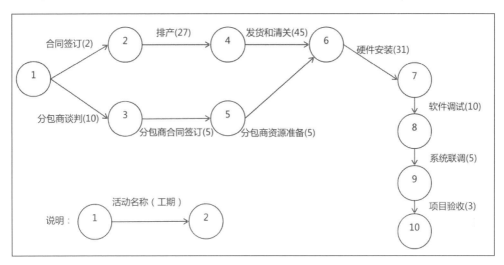

图 5-22　箭线图示例

3）确定依赖关系

依赖关系可以是强制的，也可以是自由的。一般来说，依赖关系主要分为 3 类，分别是强制依赖关系、自由依赖关系、外部依赖关系，如图 5-23 所示。

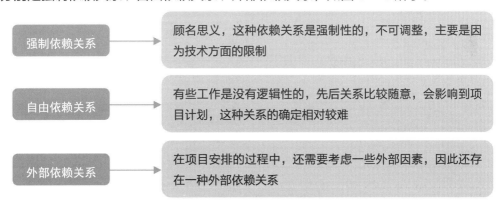

图 5-23　依赖关系分类

4）提前和滞后

提前是指在任务 A 完成的前几天，任务 B 必须开始。图 5-24 所示为提前示意图，任务 B 在任务 A 完成前 2 天开始。

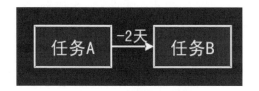

图 5-24 提前示意图

滞后是指在任务 A 完成后,任务 B 才能开始。图 5-25 所示为滞后示意图。在任务 A 完成 2 天后,任务 B 才能开始。

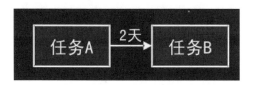

图 5-25 滞后示意图

4．输出

活动排序的输出主要包括项目计划网络图、更新后的活动清单、更新后的活动清单属性、更新后的项目管理计划、更新后的项目范围说明书、变更申请。

项目计划网络图既可以手工绘制,也可以使用软件绘制,是用来表示项目进度活动间逻辑关系的图。此外,项目计划网络图可以包括项目的全部,也可以只展示一项或部分活动。图 5-26 所示为项目计划网络图。

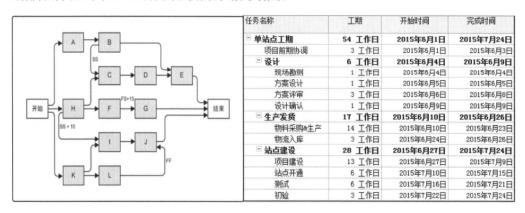

图 5-26 项目计划网络图

5.2.3 活动资源估算

活动资源估算是指对活动所需要的资源进行估算,如所需的材料、人员、设备、用品的种类和数量等。图 5-27 所示为活动资源估算的相关情况。

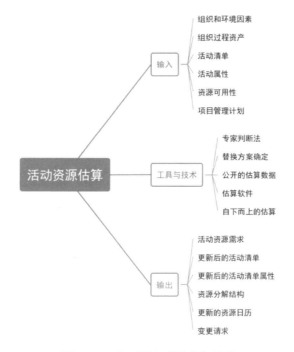

图 5-27　活动资源估算的相关情况

对活动资源的估算主要是为了明确完成活动所需的资源种类、数量和特性，以便进行更准确的成本和持续时间的估算。下面我们针对输出中的活动资源需求和资源分解结构做简要介绍。

1. 活动资源需求

活动资源需求是指将每个活动所需要的资源类型和数量，汇总成每个工作时段的资源估算。活动资源需求表主要包括 WBS 编号、资源类型、数量、说明、假设条件和备注，如图 5-28 所示。

活动资源需求			
WBS编号	资源类型	数量	说明
假设条件：			
备注：			

图 5-28　活动资源需求表

2. 资源分解结构

资源分解结构主要是将资源按照一定的原则展现，主要包括 4 个方面，分别是人员、材料、设备、用品，如图 5-29 所示。

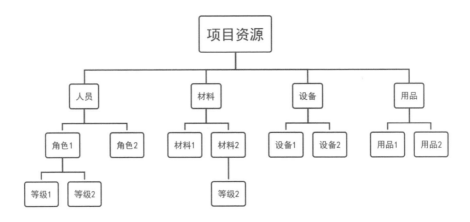

图 5-29　资源分解结构

5.2.4　活动历时估算

活动历时估算主要是根据资源估算的情况，估算出完成每个单项活动所需时间的过程。对活动历时进行估算主要是为了确定完成每个活动所需要的时间量，从而为制订进度计划过程提供主要输入。图 5-30 所示为活动历时估算的相关情况。

输入	工具与技术	输出
企业环境因素 组织过程标准 项目范围描述 活动列表 活动属性 活动资源需求 资源日历 项目管理计划 已识别的风险 活动费用估计	专家判断 类比估计 参数估计 三点估计 时间储备（应急）	活动工期估计 活动属性更新

图 5-30　活动历时估算的相关情况

下面我们重点介绍活动历时估算中需要使用的工具与技术。

1. 专家判断

专家判断主要是通过专家提供的相关专业知识，并借鉴历时信息、以往的经验，从而给出活动持续时间的上限。

2. 类比估计

类比估计是利用类似项目的参数值进行推演的方法，主要是在信息不足的情况下使用。其优点在于成本低，速度快，但是准确性差。

3. 参数估计

类比估计是在同类的参数之间进行推演；而参数估计则是在不同类的参数之间进行推演，由自变量推导因变量。参数估计主要适用于参数模型和重复性的工作。值得注意的是，参数估计是否准确取决于参数模型是否成熟，基础数据是否可靠。

4. 三点估计

三点估计是指将活动时间分为乐观时间、最可能时间和悲观时间。乐观时间是指在一切都顺利的情况下完成活动所需要的时间；最可能时间是指正常情况下完成活动最可能的时间；而悲观时间则是指在不利的情况下完成活动所需要的时间。

如果将乐观时间用 A 来代替，最可能时间用 M 来代替，悲观时间用 B 来代替，那么活动历时均值和活动历时方差的计算公式如下。

- 活动历时均值（估计值）＝$(A+4\times M+B)\div 6$
- 活动历时方差＝$(B-A)\div 6$

5. 时间储备（应急）

时间储备主要是为了考虑项目中的风险和不确定性，这个时间是可以改变的。其主要包括两个方面，一个是应急储备，另一个是管理储备。

5.2.5 制订进度计划

制订进度计划主要是通过分析项目中的活动顺序、活动的持续时间、资源需求等信息，进而创建一个项目进度模型的过程。图 5-31 所示为制订进度计划的相关情况。

下面我们了解一下制订进度计划的工具与技术。

1. 进度网络分析

进度网络分析主要是通过利用关键路径法、资源优化技术等多种技术，确定项目没有完成部分的最早、最晚的开始时间和完成时间，从而创建一个项目进度的模型。值得注意的是，在进行分析时，可以加以识别并利用某些网络路径中可能会有的路径汇聚点或分支点。

2. 关键路径法

关键路径法前文已经讲述过，这里不再赘述。

图 5-31 制订进度计划的相关情况

3. 关键链法

关键链法是指资源约束型的关键路径。该方法能够在任何项目进度路径上设置缓冲，来应对资源限制和项目的不确定性。值得注意的是，这种方法是建立在关键路径法之上的。图 5-32 所示为关键链法示意图。

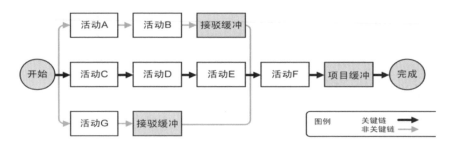

图 5-32 关键链法示意

另外，设置的缓冲有两种，一种是项目缓冲，主要放置在关键链的末端，其目的是保障项目不会因为关键链的延误造成延误。

另一种是接驳缓冲，一般放置在非关键链和关键链结合的地方，用来保护关键链不会受非关键链的延误。

4. 资源优化技术

资源优化技术有两种，一种是资源平衡，另一种是资源平滑。资源平衡能够按照资源制约因素调整项目的开始时间和完成时间，其目的主要是能够在资源需求和供给两方面之间取得平衡。

当一些资源有时间、数量的限制或被过度分配时，便需要进行资源平衡了，如图 5-33 所示。同时，为了保持资源的使用量能够处在一个平均的水平上，也可以进行资源平衡。

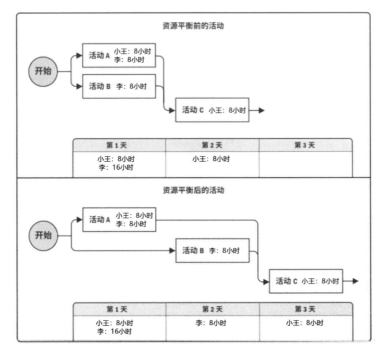

图 5-33 资源平衡示例

当项目团队进行资源平衡时，会导致关键路径的改变，而这时候可以浮动时间来平衡资源。因此，在项目进度计划期间，关键路径可能会产生变化。

资源平滑是指调整相关活动，从而使得项目中的资源需求控制在既定的资源限制内。值得注意的是，资源平滑不会改变项目关键路径，项目也不会延迟完成。也就是说，项目中的活动能够在总浮动时间内延迟，但是其不能优化所有的资源。

资源平衡和资源平滑存在一定的差异。总的来说，资源平衡主要考虑的是资源，比如，项目中的人员出现疲惫状况，工作人员在同一个时间段内做两个工作包而出现错误，而我们应当避免这种情况的发生，毕竟每个人的精力是有限的。另外，在经过资源平衡之后，项目基本上都会延长关键路径。

值得注意的是，在不改变关键路径的情况下，项目人员在使用资源平滑时如果不去触碰关键路径，就能够让资源有一个小的调整。

5. 建模技术

建模技术主要包括假设情景分析、模拟技术等，具体内容如下。

1）假设情景分析

假设情景分析主要是对项目过程中的各种情景进行评估，来预测这些情景对项目目标的影响。

2）模拟技术

模拟技术主要是以多种不同的活动假设为基础计算出多种可能的项目工期，来应对项目的不确定性。一般来说，在项目中用得最多的模拟技术主要是蒙特卡洛分析。值得注意的是，该分析技术首先是要确定每个活动可能持续时间的概率分布，然后再根据这些概率分布计算出整个项目可能工期的概率分布。

6. 提前量与滞后量

提前量与滞后量也是制订进度计划的一个方法，其主要是通过调整相关活动的开始时间，进而编制一份实用的进度计划。提前量是指在条件允许的情况下提前开始紧后活动，而滞后量则是指在条件限制的情况下，在相关活动中增加一段不用工作和资源的时间。

7. 进度压缩

进度压缩，顾名思义，就是在不缩减项目范围的前提之下，以缩短进度工期来实现进度目标。其一般包括两个方面，分别是赶工和快速跟进，具体内容如下。

1）赶工

在可能会出现项目延期的情况下，可以通过增加资源或使用最小的成本来压缩项目的进度，这种方式便是赶工。值得注意的是，赶工会导致风险和成本的增加。

2）快速跟进

快速跟进主要是将正常情况下按顺序进行的活动或阶段改为部分并行开展。值得注意的是，快速跟进可能会造成返工概率和风险的增加。

8. 进度计划编制工具

在编制进度计划时，一般会使用工具，其主要工具为进度模型。进度模型将活动清单、活动的持续时间作为依据，通过使用相关的技术，从而自动生成项目的开始时间和结束时间。值得注意的是，其还能够和其他的项目管理软件以及手工编制方法一起使用。

5.2.6 控制进度

控制进度在于控制，主要是通过监督项目中各项活动的状态、管理项目进度基准的变更等，来实现项目进度的控制。在这一阶段中，控制进度主要是为了提供发现计划偏离的方法，以保证能够及时降低风险。

图 5-34 所示为控制进度的相关情况。由图可知，控制进度的主要工具与技术主要包括绩效审查、项目管理软件、资源优化技术、建模技术、提前量与滞后量、进度压缩、进度计划编制工具。

图 5-34 控制进度的相关情况

经过控制进度过程后,将会输出工作绩效信息、进度预测、变更请求、项目管理计划更新、项目文件更新和组织过程资产更新。

值得注意的是,绩效审查是指测量、对比和分析进度绩效,如实际开始日期和完成日期、已完成百分比及当前工作的剩余持续时间。绩效审查可以使用各种技术来决定是否采取纠正措施或预防措施。

图 5-35 所示为控制进度流程图,项目管理者可以通过以下各方面来实现控制进度的目的。

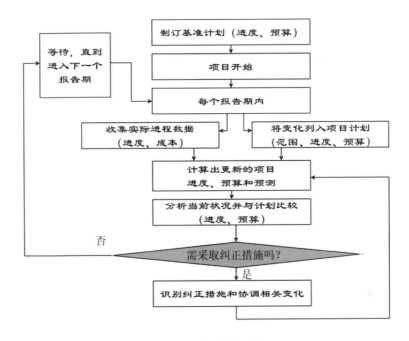

图 5-35 控制进度流程

第 6 章

成本管理：
实现效益最大化

在项目管理的过程中，成本管理也是非常重要的一个环节。成本管理是在保证项目质量和进度的情况下，将项目的整个成本控制在批准的成本预算范围内。本章我们来了解一下项目成本管理的基本情况。

6.1 基础了解：项目成本管理概况

每个项目都会在项目前期制定一个成本预算，而成本管理则是要将项目的成本控制在预算之内。本节我们先了解一下项目成本管理的基本情况。

6.1.1 成本

在了解项目成本管理之前，我们先了解一下成本的基本情况。人们在进行生产经营活动时需要耗费一些资源，而这些资源以货币的形式表现为成本。一般来说，成本的影响因素有很多，如图 6-1 所示。

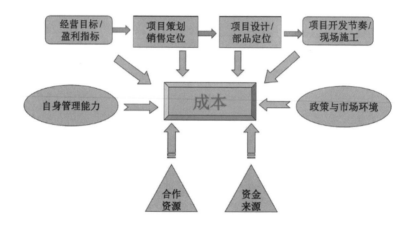

图 6-1　成本的影响因素

下面我们介绍成本的构成内容、影响作用、降低途径和成本与费用的情况。

1. 构成内容

一般来说，成本主要由 3 个方面构成，如图 6-2 所示。

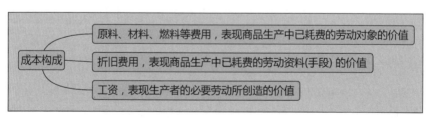

图 6-2　成本构成

2. 影响作用

成本的影响作用如图 6-3 所示。

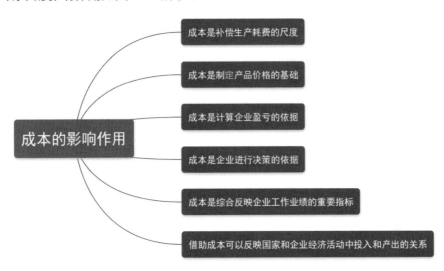

图 6-3　成本的影响作用

另外，成本能够反映一个企业的劳动生产率，原材料和劳动力的消耗情况以及设备的使用情况等，是衡量企业生产经营管理水平的一项综合指标。

3. 降低途径

在产品价格不变的情况下，如果将产品的成本降低，那么这个产品的利润就可以增加，从而也就可以提高企业的经济效益。降低成本主要有 5 个途径，如图 6-4 所示。

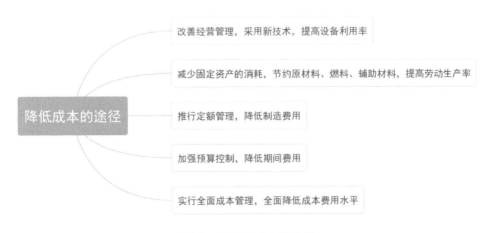

图 6-4　降低成本的途径

4. 成本与费用

成本与费用是两个不同的概念，但是又有一定的关系。成本与费用的主要区别在于计算基础不同、范围和补偿不同、计算期不同。所谓的计算期不同，是指费用是针对某一个特定的期间来计算的，而成本则无论哪个会计期间都可以计算。图 6-5 所示为成本与费用的内容。

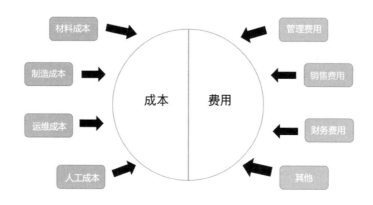

图 6-5　成本与费用的内容

6.1.2　成本分类

成本按照不同的标准可以分为不同的种类，例如，按照成本的形成概念，成本可以分为理论成本和应用成本；按照产生的依据划分，成本可以分为实际成本和估计成本；按照形成的时间划分，成本可以分为历史成本和未来成本；按照成本形态划分，成本可以分为变动成本、固定成本和混合成本，如图 6-6 所示。

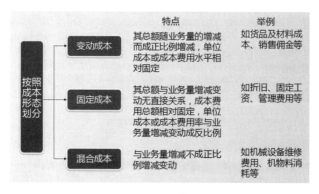

图 6-6　按照成本形态划分的成本

6.1.3　成本管理的原则

项目成本管理就是要确保在批准的预算内完成项目，具体项目要依靠制订成本管理计划、成本估算、成本预算、成本控制 4 个过程来完成。成本控制的对象是项目，主体是人，目的是合理利用人力、物力、财力来降低成本，增加项目效益。此外，成本管理还要遵循以下 6 个原则。

1. 集成原则

不管是在什么项目中，成本、进度和技术都是密不可分的。并且，在进行项目成本管理时，绝不可能技术管理和进度管理而独立存在，并且要保证这三者的相对平衡。也就是说，在进行项目管理时，要系统管理成本、进度和技术。

2. 全面控制原则

全面控制不仅仅是要控制某一方面、某一个项目人员，而是要对项目中与成本控制有关的全体人员，包括成本控制涉及的各个部门、班组和员工进行控制，这不仅仅是项目经营部门和财务部门的事情。值得注意的是，项目成本的发生涉及项目中的每个环节，并在不同的阶段有不同的重点。

3. 目标原则

目标原则是指通过建立一定的体系，来控制费用项目的预算。值得注意的是，项目成本管理中的目标原则是进行费用控制的前提和基础，包括了修正目标、成本分解等内容。

4. 动态控制原则

动态控制原则是指在项目成本管理时，将收集来的实际成本与目标中的成本进行比较，然后对其进行分析，并检查是否存在偏差。如果检查的结果并没有偏差，那就继续进行项目成本管理；如果存在偏差，则要采取相应的措施来控制。

5. 节约原则

在成本管理的几个原则中，节约原则是基本原则。值得注意的是，节约并不仅仅是单纯地控制、监督资源，而是通过优化方案、提高管理水平等方式来节约项目中的资源。

6. 规避原则

在项目的进行过程以及项目的管理过程中，会出现各种类型的风险，如决策风险、市场风险等，而这些风险最终都会体现在成本上。因此，项目团队在管理项目的过程中要做好对主要风险的防控措施。

6.1.4 成本管理的手段

成本管理的手段如图 6-7 所示。

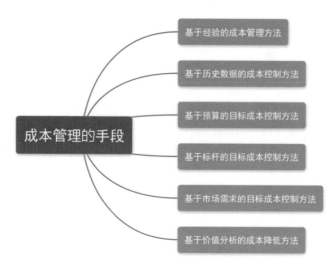

图 6-7　成本管理的手段

值得注意的是，基于经验的成本管理方法有两大缺点，具体内容如下。
- 经验带有个人色彩，如果环境不属于经验范围内，经验就无法支撑成本管理。
- 依靠经验进行管理的话，管理人员往往缺乏系统思维，仅仅是就事论事，不利于项目的发展。

另外，管理人员在进行成本管理的过程中，还应考虑 5 个方面的因素，如图 6-8 所示。

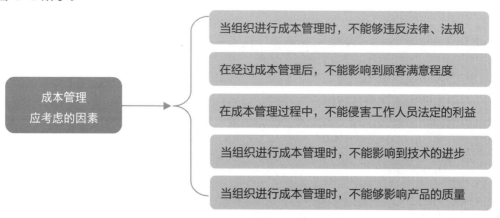

图 6-8　成本管理应考虑的因素

6.1.5 项目成本管理

项目成本管理需要成本管理人员将整个项目的成本都控制在计划目标之内,具体包括成本管理计划、成本估算、成本预算、成本控制 4 个过程。项目成本包括多个方面,具体构成情况如图 6-9 所示。

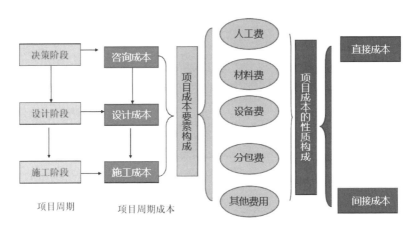

图 6-9 项目成本构成情况

一般来说,项目成本管理还应该考虑 3 个方面的因素,即完成项目活动所需资源的成本、各种决策对项目最终产品成本的影响程度以及项目干系人对项目成本的不同需求。下面我们介绍项目成本管理的原则和作用。

1. 原则

管理人员在进行项目成本管理的过程中,应该遵循以下五大原则。

- 坚持以人为本、全员参与的原则。
- 坚持制度化管理的原则。
- 坚持责权利相结合的原则。
- 坚持重点管理与全面管理相结合的原则。
- 坚持成本管理科学化的原则。

2. 作用

现代项目成本管理的作用主要包括 5 个方面,分别是确定并控制项目的整体成本、考虑项目整个生命周期的成本、节约项目的成本和时间、提供成本和效益信息给相关的利益主体、帮助项目筹措资金以及财务管理。

值得注意的是,在项目中,影响项目成本的主要有质量、工期、管理水平、人力资源、价格等因素。

6.2 四大过程：成本管理组成

项目成本管理是由四大过程组成的，如果想要在不影响项目质量、顺利完成项目的情况下，将项目的成本控制在预算之内，那就必须要经历这四大过程。四大过程分别是资源计划、项目成本估算、项目成本预算和项目成本控制。图 6-10 所示为四大过程的内容。本节我们详细了解一下这四大过程。

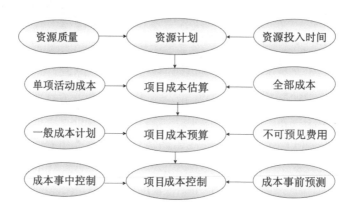

图 6-10　四大过程的内容

6.2.1　资源计划

在了解项目资源计划之前，我们先来了解项目资源是什么。项目资源是指在项目实施过程中，项目所需要的人力、设备、材料等。编制项目资源计划便是通过分析项目资源的需求，确定项目中所需投入资源的类型、质量、数量等情况。图 6-11 所示为资源计划的输入、工具与技术、输出情况。

图 6-11　资源计划的输入、工具与技术、输出情况

下面我们介绍资源分类、工具与技术情况。

1. 资源分类

项目中所需要的资源可以按照一定的标准进行分类，下面介绍两种资源分类的方法，具体内容如下。

1）资源的可得性

按照资源的可得性，可以将资源分为 3 类，一类是可持续使用的资源，如固定的劳动力；另一类是消耗性的资源，如计算机的使用寿命；还有一类是双重限制的资源，如资金。

2）资源的特点

根据资源的特点，可以将其分为两类，一类是没有限制的资源，像项目中的一些通用设备就属于没有限制的资源；另一类是价格昂贵的资源，或是在整个项目生命周期中都不可能完全得到的资源。在整个项目过程中，有的特殊设备每天只能工作 4 小时，这种特殊设备就属于第二类。

2. 工具与技术

在编制资源计划的工具与技术中，专家判断和头脑风暴法在前文已经介绍过，这里不再赘述，我们来了解一下其他几种工具与技术。

1）资源矩阵

资源矩阵能够展示出工作与资源需求量之间的关系，但是不能囊括信息类的资源，如图 6-12 所示。值得注意的是，资源矩阵是工作分解结构的直接产品。

工作	资源需求量					相关说明
	资源1	资源2	……	资源m-1	资源m	
工作1						
工作2						
⋮						
工作n-1						
工作n						

图 6-12　资源矩阵示例

2）资源数据表

资源数据表并不是统计项目中所需的资源，而是展示项目各个过程中资源的使用情况和安排情况，如图 6-13 所示。

3）资源甘特图

资源甘特图可以展示不同种类的资源在不同阶段的耗用情况，如图 6-14 所示。

但是，资源甘特图不能显示资源配置效率方面的信息。

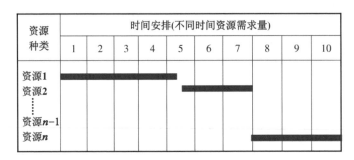

图 6-13　资源数据表

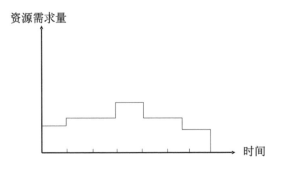

图 6-14　资源甘特图

4）资源负荷图或资源需求曲线

资源负荷图或资源需求曲线以时间为横轴，资源需求量为纵轴，直观地展示了不同时间某资源需求或负荷情况，如图 6-15 所示。

图 6-15　某资源需求或负荷情况

5）资源累计需求曲线

资源累计需求曲线的横轴代表的仍然是时间，纵轴则是指资源累计需求，其中还有某资源的需求总量，如图 6-16 所示。资源累计需求曲线可以看到在项目整个生命周期中，资源累计的消耗情况。

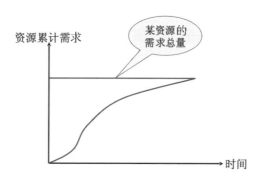

图6-16　资源累计需求曲线

6.2.2　项目成本估算

项目成本估算主要是以项目总目标为目的，根据资源计划中明确的资源需求，以及市面上资源的价格情况，对项目整个生命周期中所需资源的成本做一个估算。图6-17所示为项目成本估算的输入、工具与技术、输出情况。

图6-17　项目成本估算的输入、工具与技术、输出情况

下面我们介绍项目成本估算的步骤、工具与技术、内容。

1. 步骤

项目成本估算人员在进行成本估算时，一般会进行以下3个步骤。
- 识别并分析项目成本的构成要素。
- 估算每个项目成本构成要素的单价和数量。
- 分析成本估算的结果，识别各种可以相互代替的成本。

2. 工具与技术

成本估算的工具与技术主要包括类比估算法、参数估计法、标准定额法和工料测量法 4 种。下面简要介绍这 4 种工具与技术。

1）类比估算法

类比估算法是一种自上而下的估算方法，主要是根据已完成的同类项目的实际成本来估算本次项目的成本。使用类比估算法估算出来的成本精确度不高，但是简单且省时省力。

2）参数估计法

参数估计法主要是通过利用一些权威性、专业性的参数建立一个数学模型来估算成本。这种方式也比较简单、省时省力，但是需要适应新技术、新材料。

3）标准定额法

标准定额法主要是根据标准定额来估算项目的成本。这些标准可能来自国家或地方的主管部门，或者来自项目的咨询机构。

4）工料测量法

工料测量法是一种自下而上的方法。使用这种方法有一个前提，即确定了详细的工作分解结构，并且项目的内容明确到了每一项具体的工作任务。

3. 内容

项目成本估算的内容必须包括建设成本、资金占用成本和生产制造成本。其中建设成本是指在项目的建设和筹建阶段所需要花费的费用，如固定资产投资、准备费用等；而资金占用成本则是指在建设或生产过程中所占用的流动资金。

6.2.3 项目成本预算

项目成本预算主要是将估算出来的总成本分配到各个工作明细中，并建立基准成本来衡量项目的执行情况。图 6-18 所示为项目成本预算的输入、工具与技术、输出情况。

图 6-18　项目成本预算的输入、工具与技术、输出情况

专家提醒

值得注意的是,在项目成本预算的工具与技术中,切段分配法主要是指根据项目的进度按照时间段来分配资金的方法;而切块分配法则是根据工作性质按照部门来分配资金。

在进行项目成本预算的过程中,影响因素主要有项目规模的大小、项目复杂程度、项目紧急程度、项目细节的掌握程度、是否有相应的技术设备及人员和其他因素。另外,项目成本预算具有四大特征,分别是计划性、权威性、约束性和控制性。下面我们来了解一下项目成本预算的原则和步骤。

1. 原则

在进行项目成本预算的过程中,项目管理人员要遵循四大原则,具体内容如下。

- 要以项目的目标为中心。在做成本预算的时候,工作人员应该全面考虑与项目总目标有关的成本费用。不同的项目,由于目标不同,其成本费用也不尽相同。
- 围绕项目进度。一般来说,项目进度越快,所需要的成本费用越高。因为如果加快项目进度,就会有超出常规的资源消耗。
- 要考虑宏观经济、政治环境。项目活动不能脱离当时的经济环境,成本预算作为一项经济活动,也不能脱离当时的经济、政治环境。
- 要有一定的弹性。留有一定的余地才能在出现问题时灵活应变。

2. 步骤

项目成本预算主要有 3 步,分别是将总预算成本分摊到各项活动中,将活动总预算成本分摊到工作包,确定各项目成本预算支出的时间以及每一时点所发生的累计成本支出额。如果完成最后一步就会得出一条"S"形曲线,如图 6-19 所示。

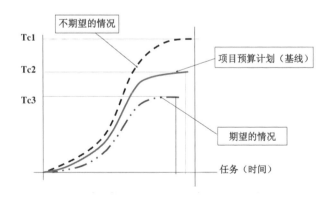

图 6-19 "S"形曲线

6.2.4 项目成本控制

项目成本控制是指在项目的整个生命周期中，控制项目预算的变更并随时调节，以达到控制成本目的的过程。图 6-20 所示为项目成本控制的输入、工具与技术、输出情况。

输入	工具与技术	输出
成本基准计划	偏差分析法	成本估算的修正
成本管理计划	费用变更控制法	成本预算的修改
执行情况报告	补充计划编制法	纠正措施
变更申请		完成项目所需成本估计
		经验教训

图 6-20 项目成本控制的输入、工具与技术、输出情况

下面我们来了解一下项目成本控制的相关情况。

1. 原理

图 6-21 所示为项目成本控制的原理。从图中可以看出，当工程正在进行的时候，相关工作人员收集实际数据，然后与计划值相比较。当结果出现偏差的时候，就采取控制措施，如使用调节器进行调节。当结果没有出现偏差的时候，那么工程项目继续进行。在项目管理过程中，基本上每两周或者每月都会开展一次成本控制活动。

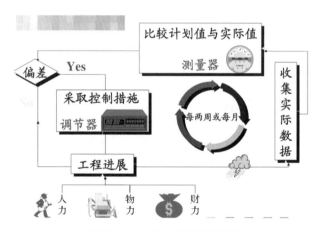

图 6-21 项目成本控制原理

2. 内容

项目成本控制主要包括以下 4 个方面的内容。

- 查验成本的实际运用情况。
- 将实际成本与计划成本相比较，找出两者之间的偏差。
- 当出现偏差的时候，在计划中写入有关的变更，并通知相关的工作人员。
- 分析成本绩效，采取一定的措施纠正出现的偏差。

3. 作用

通过项目成本控制，能够提高项目团队成本管理的水平，也有助于提高经济效益。此外，项目团队通过成本控制能够发现更有效的项目管理的方法，进而降低项目的成本。

4. 不确定性成本

值得注意的是，项目成本按照风险进行分类的话，可以分为确定性、风险性和完全不确定性 3 类。项目不确定性成本的控制是项目成本控制的关键。造成项目不确定性成本的原因主要有 3 点，如图 6-22 所示。

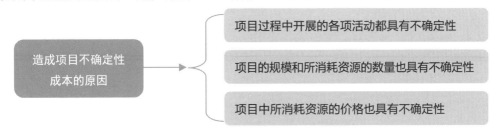

图 6-22　造成项目不确定性成本的原因

5. 挣值分析法

挣值是一个表示已完成作业量的计划价值的中间变量，而挣值分析法是一种有效的成本控制的方法。在挣值分析法中，存在三大关键变量，分别是项目计划作业的预算成本、项目已完成作业的实际成本以及挣值。其中，挣值的计算公式如下。

$$挣值 = 实际完成作业量 \times 计划成本（价值）$$

第 7 章

质量管理：
高质量达成标准

对一个项目来说，项目质量在一定程度上影响着项目的收益，因此项目质量是非常重要的。做好项目的质量管理，才能最大限度地实现项目的最终目标。本章我们来了解一下项目质量管理的具体内容。

7.1 内容介绍：项目质量管理概况

目前，部分企业在项目质量管理方面存在着效率低下、管理失控等问题，如果不采取措施管理项目的质量问题，就会影响项目乃至整个企业的收益，因此各个企业、项目组织一定要重点关注项目的质量问题。本节我们先来了解一下项目质量管理的相关内容。

7.1.1 质量管理

在项目管理过程中，对项目中的产品进行质量管理主要是确定质量方针、目标以及职责，并且通过质量体系中的质量策划、控制、保证等方式来实现质量目标。值得注意的是，主流商业管理教育都对质量管理及其相关实施方法作了相应的介绍。下面我们来了解一下质量管理的发展阶段和工具。

1. 质量管理的发展阶段

截至目前，质量管理大致经历了以下3个发展阶段。

1）质量检验阶段

在20世纪之前，产品质量主要依赖于操作人员的技艺水平和经验，属于"操作者的质量管理"。而在20世纪初，科学管理理论产生，使得质量管理从原本的加工制造中分离出来，质量管理这一项工作由原本的操作工转移到工长身上。在这一阶段，质量管理属于"工长的质量管理"。

之后，随着企业生产规模的不断扩大，产品的复杂程度也在不断提高，技术标准也随之产生，公差制也逐渐完善，各种检验工具与技术也都在不断发展。在这一阶段，大部分企业都设立了专门的检验部门，因此这时是属于"检验员的质量管理"。

专家提醒

公差制，即公差与配合制，主要包括公差制、配合制和检验制。其属于机器设计与制造工艺领域。

2）统计质量控制阶段

经过了质量检验阶段后，质量管理就走进了统计质量控制阶段。在这一阶段，美国数理统计学家W. A. 休哈特提出了控制和预防缺陷的概念以及"6σ"法。此外，W. A. 休哈特还绘制出了第一张控制图，并建立了一套统计卡片来统计质量控制。

此外，美国的一家研究所还提出了抽样检验的概念及其实施方案，但是在当时并未被普遍接受。直到第二次世界大战，以数理统计理论为基础的统计质量控制才出现，继而开始被推广并应用。

但是这种检验方式不能控制产品的质量，因此美国决定将其用于质量管理。此外，美国还成立了专门的委员会，并在 1941—1942 年先后公布了一批战时质量管理标准。

3）全面质量管理阶段

1950 年以后，随着生产力的迅速发展，科学技术也在不断创新，人们对于产品质量要求的重点也有了变化，由开始的注重产品的一般性能转变为注重产品的耐用性、可靠性、安全性、维修性、经济性等。而对于研究质量问题方面，人们开始要求运用系统的观点来研究。

在这一阶段，质量管理理论也有了新的发展。在质量管理理论方面，研究者突出重视人的因素，强调质量需要依靠企业全体员工的努力。同时，还兴起了"保护消费者利益"的运动，企业之间的竞争也逐渐激烈。

20 世纪 60 年代，美国 A.V. 费根堡姆还提出了全面质量管理的概念，即为了能够在最经济的水平上，以及考虑到充分满足顾客要求的条件下进行生产和提供服务，并把企业各部门在研制质量、维持质量和提高质量方面的活动构成为一体的一种有效体系。而中国在 1978 年开始推行全面质量管理，并且在之后取得了一定的成效。

2. 工具

目前，质量管理常用的工具有 7 种，分别是控制图、帕累托图、走向图、直方图、鱼骨图、分布图、流程图。下面就这 7 种工具作详细介绍。

1）控制图

控制图是由美国质量管理专家休哈特在 20 世纪 20 年代后期创造的，是用图形显示某项重要产品或过程参数的测量数据。图 7-1 所示为控制图的基本形式。

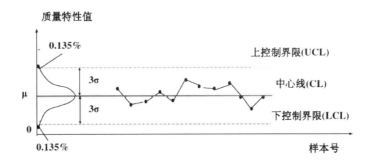

图 7-1 控制图的基本形式

控制图的主要功能在于工序分析、控制工序质量状态以及为质量评定积累数据。

按用途划分的话，控制图还可以分为分析用控制图和控制用控制图两种。在控制图中有上控制界限、中心线和下控制界限，测量值随着时间的变化而变化。当测量值高于上控制界限，或低于下控制界限时，便说明过程失控。

值得注意的是，上控制界限和下控制界限可以通过一定的计算公式得出，其计算公式如下。

- 中心线：$CL = \mu$
- 上控制界限：$UCL = \mu + 3\sigma$
- 下控制界限：$LCL = \mu - 3\sigma$

2）帕累托图

帕累托图是一种简单的图表工具，主要用来统计并显示在一定时间内的各种类型的缺陷或问题的数目。此外，帕累托图的结果是使用不同长度的条形表示的，其原理来自意大利经济学家维尔弗雷多·帕累托（Vilfredo Pareto）的研究。

帕累托图可以分为 3 类，分别是 A 类、B 类、C 类，如图 7-2 所示。主要因素记为 A 类，次要因素记为 B 类，一般因素记为 C 类。

图 7-2　帕累托图的分类

3）走向图

走向图也称作趋势图，以时间为横轴，测得的数量为纵轴，来展示一定的时间间隔内所得到的测量结果。其主要作用是确定各种类型的问题是否存在重要的时间模式，方便工作人员调查其中的原因。

4）直方图

在质量管理中，直方图主要是为了研究产品质量的分布状况，并据此来判断生产过程是否处于正常状态。工作人员将直方图与公差范围对比，观察直方图是否落在了公差范围内，可以提高生产产品的质量。值得注意的是，这种对比主要存在以下 6 种情况。

- 比较理想的情况。
- 经济性不好，需要项目人员降低项目产品的加工精度。

- 需要项目人员采取措施缩小分布。
- 远离中心,可能出现废品。
- 完全不留余地,容易出现废品,需要采取一定的措施来调整。
- 已经成了废品,需要停产检查。

5)鱼骨图

鱼骨图是由日本管理大师石川馨发明的,因此其也可以称为石川图。鱼骨图是一个非定量的工具,能够帮助项目质量管理人员找出问题存在的根本原因。其主要包括整理问题型、原因型、对策型 3 种类型。图 7-3 所示为鱼骨图框架。

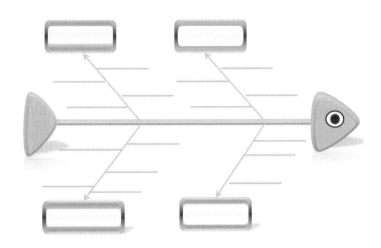

图 7-3　鱼骨图框架

在使用鱼骨图进行质量管理时,将质量的问题或缺陷标在"鱼头"的位置,原因标在鱼刺上。使用鱼骨图有利于项目质量管理人员了解各原因之间的相互影响关系,以及了解各原因是怎么随着时间而依次出现的,从而帮助工作人员解决质量问题。

6)分布图

分布图表示两个变量之间的相互关系。分布图用在质量管理方面,可以帮助工作人员了解产品的质量,从而改进产品。

7)流程图

流程图的结构可分为顺序结构、分支结构和循环结构。在企业中,流程图是比较常见的一种工具,一般被用来说明某一过程。而这个过程既可以是一个管理过程,也可以是生产线上的工艺流程。

流程图能够帮助项目工作人员了解项目如何进行以及过程如何改进。值得注意的是,流程图能够直观地跟踪和图解企业的运作方式。图 7-4 所示为某数据质量平台流程图,该图直观地描述了数据质量平台工作过程的具体步骤。

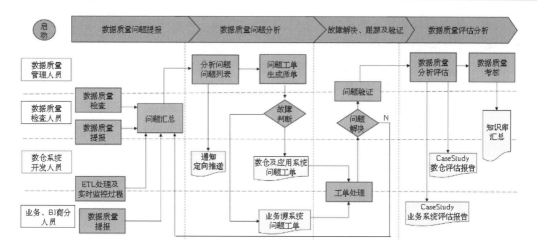

图 7-4 某数据质量平台流程图

7.1.2 质量管理体系

质量管理体系（quality management system，QMS）是由项目组织内部建立的，是实现质量目标所必需的、系统的质量管理模式。其是指在质量方面指挥并控制组织的管理体系，是一项战略决策。

1994 年，国际标准化组织提出了 ISO9000 族系列标准。图 7-5 所示为 ISO9000 族系列标准的构成。该标准是由若干个单独的标准组成的，能够广泛应用在各种类型、规模和性质的组织中。该系列标准能够帮助项目组织建立并运行质量管理体系，是目前质量管理体系通用的要求和指南。下面我们介绍质量管理体系的特点、管理原则、运行机制和建立步骤。

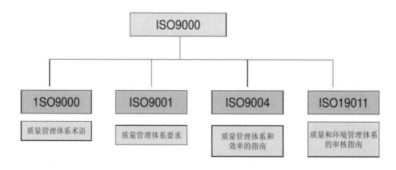

图 7-5 ISO9000 族系列标准的构成

1. 特点

每一个组织都是需要管理的。当人们的管理与产品质量相关时，就可以称之为质量管理。值得注意的是，要想做好质量管理，就必须要做好相应的质量管理体系。目前，ISO9000 族系列标准是国际上通用的质量管理体系。ISO9000 族系列标准的特点主要有以下几个方面。

- ISO9000 族系列标准代表了现代企业以及政府机构考虑怎样真正发挥质量的作用，和怎样作出最优的质量决策的一种观点。
- 其是细分质量体系的基础，也是组织内能够切实管理更加广泛的质量活动的基础。
- 质量管理体系能够一步步、有计划地帮助企业将主要的质量活动按照重要程度进行改善。

2. 管理原则

质量管理原则有两个，一个是 2008 年提出的，其内容包括以顾客为关注焦点、领导作用、全员参与、过程方法、管理的系统方法、持续改进、基于事实的决策方法、与供方互利的关系；另一个则是指 2015 年版的质量管理七大原则，如图 7-6 所示。

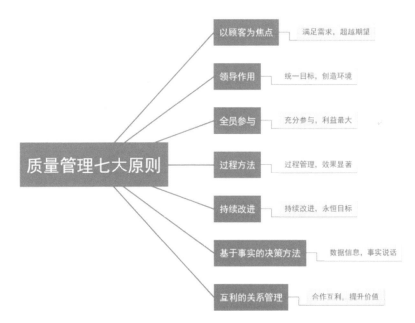

图 7-6 2015 年版质量管理七大原则

3. 运行机制

质量管理体系的运行机制可以分为 3 层，分别是驱动层、目标层和自我改进层，具体内容如图 7-7 所示。

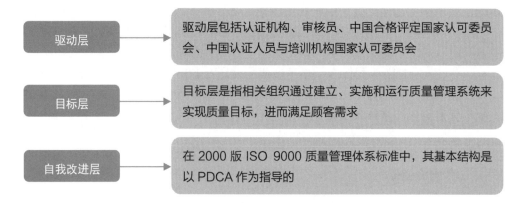

图 7-7 质量管理体系运行机制的层次

4. 建立步骤

人们在建立和完善质量体系时，需要经历 4 个步骤，分别是质量体系的策划和设计、质量体系文件的编制、质量体系的试运行、质量体系的审核。此外，这 4 个步骤之下还包含了若干个具体的步骤。

7.1.3 项目质量管理

项目质量管理的目的是保障和提高项目的质量，然后通过一整套的质量管理体系和相关的方法手段来系统地管理产品的质量。图 7-8 所示为工程项目的质量管理体系。由图可知，工程项目的质量管理体系包括设计质量管理、实施质量管理、验收质量管理。

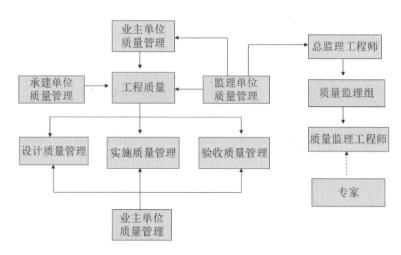

图 7-8 工程项目的质量管理体系

7.2 确定流程：质量管理三大过程

项目中产品的质量管理工作是一个系统的过程，在管理的过程中需要创造出必要的资源条件。值得注意的是，项目质量管理主要有三大过程，如图 7-9 所示。本节我们来了解一下这三大过程。

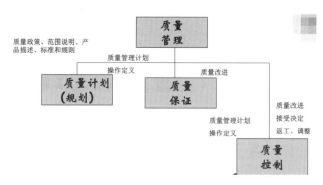

图 7-9 质量管理三大过程

7.2.1 质量计划

质量计划主要是根据质量目标制订的，其主要考虑的是如何通过各种各样的质量管理活动来实现预期的质量目标。而质量目标主要来自用户的需求和商业价值。值得注意的是，质量计划主要包括两个方面，分别是质量保证计划和质量控制计划。图 7-10 所示为质量计划过程中的输入、工具与技术、输出情况。

图 7-10 质量计划过程中的输入、工具与技术、输出情况

从图 7-10 中可以看出，质量计划完成后会输出质量管理计划表、操作性定义、审验单、对其他程序的输入。其中，质量管理计划表的内容包括多项，其示例如表 7-1 所示。

表 7-1 年度质量管理计划表示例

项目		目标值	措　施	责任部门	考　核
1	质量管理体系内部审核	覆盖质量管理体系全过程	(1)提前实施内审策划； (2)保证审核覆盖质量管理体系全过程； (3)安排内审组，实施审核策划； (4)评价审核效果，提出持续改进意见； (5)保证7—8月实施内审	管代质管部	管理评审监督审核
2	质量管理体系管理评审	覆盖质量管理体系全过程	(1)8月份实施； (2)提前实施方案策划，征求相关方意见修订完善，履行审批后发送相关方； (3)跟踪相关方提交管理评审材料的编制策划，确保报告真实性； (4)总结管理评审会议，形成"管理评审报告"，履行审批后发送相关方落实改进措施； (5)跟踪改进措施落实情况； (6)整理归档相关记录	总经理管代质管部	监督审核
3	文件评审	确保现行文件有效	(1)管理者代表会同质管部实施《质量手册》评审； (2)质管部会同各部门实施《程序文件》和各部门《工作手册》评审； (3)根据管理现状和相关标准，确定文件的有效性，给出文件评审结论； (4)对评审发现的文件不适应处进行修订	管代质管部各部门	4月底前完成
4	产品一次交验合格率	≥97%	(1)加强员工培训，提高其技术能力和责任心； (2)严格执行工艺规定和操作规程； (3)加强设备维护，保持设备完好； (4)加强工程监控，防止不合格发生	生产部、质管部	逐月分解落实
5	检验及时率	100%	(1)合理安排资源，保证检验能力与生产实际需要相匹配； (2)合理安排检验员作息时间； (3)提高检验员的主动性	质管部	每月统计考核
6	包装合格率	100%	(1)严格执行包装规程； (2)实施包装复验，避免包装差错； (3)每月统计、评价包装合格率，作为持续改进依据	质管部	逐月统计考核
7	质量事故处理率	100%	(1)及时组织质量事故分析，查明原因，制定针对性措施，明确责任人； (2)明确纠正措施完成时间； (3)跟踪纠正措施的实施，评价有效性； (4)根据跟踪评价结果，提出文件修改意见，防止再发生	质管部	在规定期限分析处理

下面我们来了解一下项目质量计划的内容、作用和编制要求，更加深入地了解制订质量计划的相关情况。

1. 内容

质量计划的内容如图7-11所示。

图7-11 质量计划的内容

质量计划的具体内容包括：编制依据、项目概述、质量目标、组织机构、质量控制及管理组织协调的系统描述；必要的质量控制手段，施工过程、服务、检验和试验程序及与其相关的支持性文件；确定关键过程和特殊过程及作业指导书；与施工阶段相适应的检验、试验、测量、验证要求；更改和完善质量计划的程序。

2. 作用

质量计划的编制能够帮助项目工作人员更有序地管理项目的质量情况，其作用有3点，具体内容如下。

- 质量计划也是一种管理工具。当用在组织内部时，质量计划要保证将特定的产品、项目以及合同的相关要求都写进质量计划之中，这样才能有效地管理产品的质量，确保实现质量目标。
- 质量计划的编制能够在特定的产品、项目或合同上，代替或减少运用其他的质量体系文件，简化质量管理工作。
- 在有合同的情况下，相关人员一定要在合同签订之前就编制好质量计划，而且还可以将其作为质量文件的一部分来参与投标。

3. 编制要求

项目中质量管理人员在编制质量计划时，都是按照一定的要求来编制的，其具体编制要求如下。

- 在编制质量计划时，只需要对与特定产品、项目、合同等有关的要求进行编制，而对于一般的要求可以采用直接引用现行的质量文件的办法进行编制。值得注意的是，编制时要与现行的质量文件的要求保持一致。
- 当出现产品结构比较简单、产品结构比较单一，或是形成了系列产品的时候，如果一个质量计划能够全部包含的话，编制人员就可以只编制一个质量计划，而不必针对每个产品都编制质量计划。
- 编制的质量计划可以高于通用的质量体系文件的要求，但是不能低于通用的质量体系文件的要求。而且在编制质量计划时，应该明确计划中所涉及的质量活动，并分配好其中的责任和权限。
- 当产品的技术状态发生较大变化的时候，以往的质量计划可能不适用了，相关工作人员应该考虑重新编制新的质量计划。

7.2.2 质量保证

质量保证是指在执行项目质量计划过程中，经常性地对整个项目质量计划执行情况所进行的评估、核查和改进等工作。

质量保证的内容主要包括 6 个方面，分别是清晰的质量要求说明、科学可行的质量标准、组织建设项目质量体系、配备合格和必要的资源、持续开展有计划的质量改进活动和项目变更全面控制。下面我们来了解一下质量保证的相关情况、分类和体系。

1. 质量保证的相关情况

图 7-12 所示为质量保证的输入、工具与技术、输出情况。从图中可以看出，质量保证的工具与技术主要是质量管理和控制工具、质量审计、过程分析。下面我们介绍工具与技术中质量管理与控制工具的具体情况。

质量管理与控制工具主要包括亲和图、优先矩阵图、过程决策程序图、关联图、树形图、活动网络图、矩阵图。下面我们来了解一下部分工具的具体内容。

1) 亲和图

亲和图是指将收集到的大量资料按照其相近性归纳整理在一起。亲和图能够帮助工作人员明确相关质量管理问题并加以解决。图 7-13 所示为亲和图示例。

图 7-12 质量保证的输入、工具与技术、输出情况

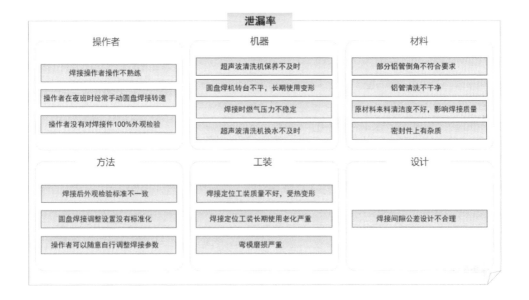

图 7-13 亲和图示例

亲和图是项目质量管理中的重要工具。在质量管理活动中,亲和图可以用在以下几个方面,如图 7-14 所示。

亲和图能够帮助项目质量管理人员更快、更便捷地找到质量问题。其特点主要包括 4 个方面,具体内容如下。

- 在混乱的状态中,整合收集来的语言资料,便于工作人员发现其中的问题。
- 打破质量管理的现状,碰撞出新的思想。
- 能够帮助工作人员明确并认识到问题的本质。
- 采纳大家的意见,提高全员参与的意识。

2)优先矩阵图

在头脑风暴过后,往往会得到许多的问题以及解决问题的方法,而优先矩阵图就是将这些问题和解决的措施按优先级确定下来的方法。优先矩阵图能够帮助相关管理人员快速确定出现的问题和解决的措施，及时调整项目的进度。

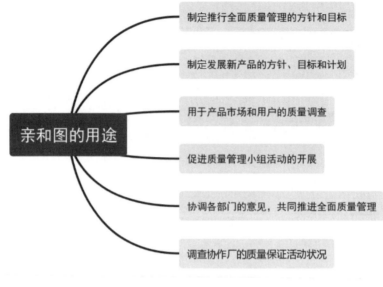

图 7-14　亲和图的用途

3）过程决策程序图

过程决策程序图也可以称为重大事故预测图，主要是因为过程决策程序图可以防止重大事故的发生。过程决策程序图有以下 4 点优点。

- 能从整体上掌握系统的动态并依次判断全局。
- 能够帮助管理人员进行动态管理。
- 具有可追踪性。
- 能够在事前预测发生概率较低的重大事故，并考虑应付事故的方法。

过程决策程序图可以分为两类，分别是顺向思维法和逆向思维法。图 7-15 所示为顺向进行式过程决策程序图。值得注意的是，在质量管理的过程中，过程决策程序图在应用时可以分为两个阶段进行，分别是问题的计划程序阶段和问题过程中修订计划程序阶段。

4）关联图

关联图是指将要因和问题串联起来的图形。相关管理人员通过关联图可以找出与问题相关的一切要素，进而抓住重点问题，并寻求解决对策，如图 7-16 所示。

在质量管理方面，关联图有以下几种作用。

- 制订全面质量控制（total quality control，TQC）活动计划。
- 制订质量控制（quality control，QC）小组活动计划。

- 制定质量管理方针。
- 制定生产过程的质量保证措施。
- 制定全过程质量保证措施。

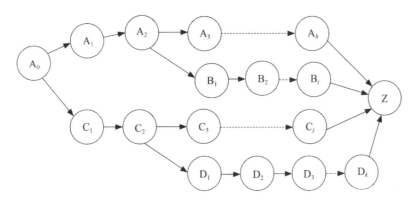

图 7-15　顺向进行式过程决策程序图

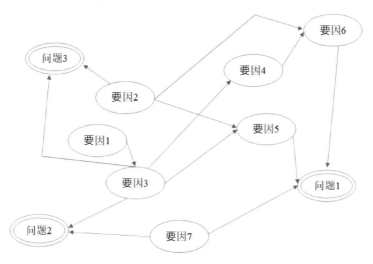

图 7-16　关联图的概念图

2. 质量保证的分类

质量保证有两种，分别是内部质量保证和外部质量保证。内部质量保证主要是为了得到领导的信任，是企业管理中的一种手段。而外部质量保证则是指在有合同的情况下，供方获取需方信任的一种方式。

值得注意的是，质量保证不仅仅是单纯地保证产品的质量，而是要对那些会影响产品质量的质量体系要素，开展多次有计划、有组织的评价活动，从而取得内部企业领导和外部需方的信任。

3. 质量保证体系

要开展质量管理，首先应制定质量方针，同时进行质量策划、设计并建立一个科学有效的质量保证体系。而要建立质量保证体系，则应设置质量管理组织机构，明确其职责权限，然后开展质量控制活动和内部质量保证活动。图 7-17 所示为某项目的质量管理组织机构图。

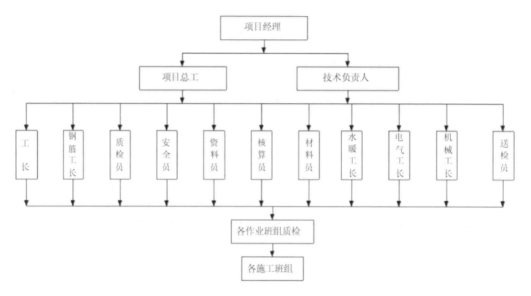

图 7-17　某项目的质量管理组织机构

7.2.3　质量控制

质量控制是指监督项目过程中的质量活动，并对质量活动执行结果进行记录，以便来评估绩效，推荐必要的变更。质量控制包括项目质量的事前控制、事中控制和事后控制的项目质量管理控制工作。下面我们来讨论一下质量控制的要求以及相关的工具与技术。

1. 质量控制的要求

值得注意的是，质量控制的主体是质量控制部门或有相应职能的项目组织。项目质量管理有着一定的要求，具体内容如下。

- 预防和检查。预防是为了不让错误进入到项目程序中，而检查是为了防止不合格品流到客户手中。
- 静态调查和动态调查。静态调查得出的结果为合格或不合格；动态调查会始终根据一个统一的标准，对项目的结果进行评估。

- 确定因素和随机因素。确定因素是指对数据变动产生明确影响的因素，它们是可测量、可预测的；随机因素是指无法完全预测或控制的因素，其变动无规律性，并且呈现正态过程分布。
- 误差范围和控制界限。如果质量测出来的结果落在误差范围内，那么这个结果就是可以接受的，并且如果这个结果落在控制界限内，那么说明这个项目也在控制之中。

2. 工具与技术

图 7-18 所示为质量控制的输入、工具与技术、输出情况。其中工具与技术包括检验、控制表、排列图、抽样调查统计、流程图、趋势分析。

图 7-18 质量控制的输入、工具与技术、输出情况

下面我们介绍质量控制的工具与技术。

- 检验。检验是为了确定项目的成果是否与要求一致，其中包括了测量、检查和测试等活动。
- 控制表。其能够反映随着时间推移的程序的运行结果。
- 排列图。排列图是直方图的一种，主要被用来展示多少成果产生于已确定的各种类型的原因。
- 抽样调查统计。其是指项目相关人员在所有的成果中随机抽取一些进行调查、检验并统计。
- 流程图。在项目质量控制过程中，流程图的应用可以帮助相关管理人员分析项目的质量问题发生在哪个环节、造成质量问题的原因以及这些质量问题发展和形成的过程。
- 趋势分析。趋势分析主要是项目相关人员根据过去的成果，运用数字技巧来预测将来的产品。

项目质量管理人员在进行质量控制时有一定的依据，其内容包括项目成果、项目质量管理计划、项目质量管理工作的实施意见或说明、项目质量控制标准与要求、项目质量管理的实际结果。

7.3 基本原理：提高项目质量

项目质量管理可归纳为七大基本原理：系统原理、全面质量管理原理、PDCA循环原理、质量控制原理、质量保证原理、合格控制原理和监督原理。本节我们来了解一下这七大原理。

7.3.1 系统原理

项目是一个整体、一个系统。项目由许多个不同的环节、阶段和要素构成，而这些不同的环节、阶段、要素之间相互矛盾但又相互统一。而且，一个项目往往会有多个目标，既有总目标，也有各种子目标，且总目标与子目标、子目标与子目标之间也存在相互矛盾但又相互统一的关系。

在项目质量管理方面，项目的质量是由项目中的多方共同管理的，而项目中的相关方之间也是存在相互矛盾但又相互统一的关系。

由此可见，项目的质量管理是一个完整的系统。因此，相关的管理人员在进行质量管理时要系统分析，用全局、统筹的观念和系统的方法来管理，这样才能使项目总体达到最优。

7.3.2 全面质量管理原理

全面质量管理是一种包括了全员、全过程、全面的质量管理体系，也是目前各国普遍认可并运用的先进的质量管理办法。全面质量管理不仅关注产品质量本身，还关注质量管理的方方面面，如材料采购、生产制造、销售等各个环节。

全面质量管理就是将项目质量管理中的各个要素都看作一个整体，并对项目质量管理的各种影响都进行综合管理，从而达到实现项目总体目标的目的。

7.3.3 PDCA循环原理

在项目质量管理人员管理项目质量时，都需要经过制订质量计划、执行质量计划等过程，而这个过程可以归纳为PDCA循环。

在PDCA循环原理中，P代表的是计划（plan），D代表的是实施（do），C是指检查（check），而A则是指纠正（adjust），如图7-19所示。这个原理是由美国著名管理专家戴明博士首先提出的，所以也被称为"戴明环"。

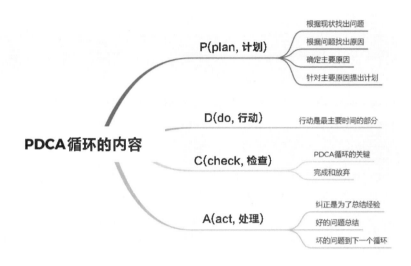

图 7-19　PDCA 循环的内容

PDCA 循环可分为 4 个阶段、8 个步骤，下面我们介绍这 4 个阶段和 8 个步骤的具体内容。

1. 计划阶段

计划阶段需要做的是找出问题、原因，并针对原因提出相应的计划措施。这一阶段的工作包括了 PDCA 循环中的 4 个步骤。

第一步，项目质量管理人员要做的是分析项目质量的现状，然后找出目前存在的质量问题。而这就要求其要有一定的质量问题和改善质量的意识，而且要根据具体的数据来判断。

第二步，项目质量管理人员要做的是分析产生质量问题的原因或影响因素。

第三步，项目质量管理人员要做的是找出产生质量问题的主要原因或因素。

第四步，项目质量管理人员则是要针对主要原因制定相应的对策。

值得注意的是，项目质量管理人员在制定对策时需要明确 5W1H。5W1H 的具体内容如下。

- 为什么要提出这样的计划，采取这些措施？为什么需要这样改进？采取措施的原因（why）？
- 改进后要达到什么目的？有何效果（what）？
- 改进措施在何处（哪道工序、哪个环节、哪个过程）进行（where）？
- 计划和措施在何时执行和完成（when）？
- 由谁来执行（who）？
- 用何种方法完成（how）？

2. 实施阶段

制订好质量计划之后，就开始实施了，这是 PDCA 循环的第五步，即执行计划和实施。在这一阶段，项目质量管理人员首先要做的是落实好计划中的措施，其中包括了组织落实、技术落实和物资落实。

值得注意的是，在这一阶段，相关管理人员需要经过一定的培训和考核，达到要求之后才能参与进来。

3. 检查阶段

检查阶段属于 PDCA 循环中的第六步，即检查效果和发现问题。在这一阶段，项目质量管理人员要将实际的成果与计划中的预期目标进行对比，检查质量和执行的情况，并检查实际的成果有没有达到预期的效果，然后再进一步找出问题。

4. 处理阶段

处理阶段主要是处理并总结检查阶段得出的结果。这一阶段包括了 PDCA 循环中的第七步和第八步，具体内容如下。

- 第七步主要做的是总结相关经验，并将其纳入标准。在第六步的检查之后，一些有效果的措施就可以保留下来，总结相关经验，防止问题再次发生。
- 第八步是将还未解决的问题转入下一个循环中。经过项目质量管理人员检查后，一些效果并不明显的问题将会被转入下一个管理循环中。

值得注意的是，PDCA 循环是一个不断循环的过程，每一个过程实际上也是一个 PDCA 的子环，即大环套小环，如图 7-20 所示。

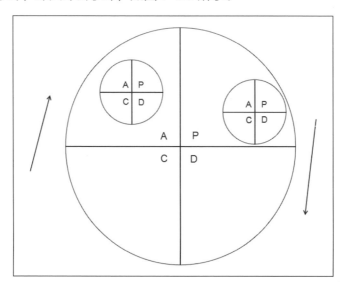

图 7-20 大环套小环

PDCA 循环不仅是一个不断循环的过程，还是一个阶梯式上升的过程。每一次循环的最后一步都是总结经验教训，不断改进措施，并制定新的实施标准。然后在下一次循环中采用新的实施标准去制订计划。

因此，每一个 PDCA 循环都是在之前循环的基础上得到提升，也使得项目的质量总是处在上升的趋势之中，即阶梯式上升，如图 7-21 所示。

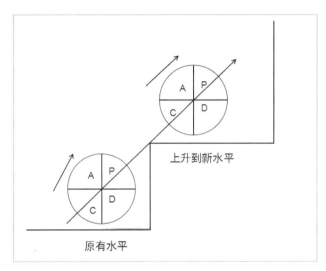

图 7-21　阶梯式上升

7.3.4　质量控制原理

质量控制主要是记录和监督项目质量计划的实施情况，其范围涉及项目的各个环节。另外，质量控制还包括了作业计划和活动，即项目中的专业计划和管理技术这两个方面。

质量控制主要是针对项目中每个阶段中的影响因素进行控制，并对相关成果分阶段检查验证，以便相关管理人员及时发现问题并解决问题，防止问题的再次发生。此外，在质量控制时还要贯彻以预防为主、检验把关两者相结合的原则，并且还要在干什么、为何干、怎么干等多方面作出规定，保证每项质量活动的有效性。

7.3.5　质量保证原理

项目的质量保证主要是保证项目的质量能够满足内部领导和外部相关人员的需求，但是，针对一个项目来说，如果相关的用户不提出质量保证的要求，相关工作人员仍然应该控制质量，保证质量能够满足大家的需求。

要想用户信任产品的质量，项目质量管理人员就应该在项目实施的过程中加强质量管理，完善质量管理体系，并有计划地实施各种有效的活动和措施。这种方法其实是从外部向项目质量管理人员以及质量控制系统施加压力。

质量管理不仅需要依靠外部的压力，还需要来自内部的压力。对于在项目实施的过程中，相关人员有没有严格按照程序来执行，相关方法是否真的有效等都需要内部领导来监督、验证和审核。

7.3.6 合格控制原理

在项目实施的过程中，还应该判断项目或工序是否合格，如果不合格，就需要作适用性判断，而这一过程就称为合格控制，其主要是为了保障质量能够符合质量标准，防止出现不合格的产品进入下一道工序或卖出的情况。

一般来说，合格控制主要包括4个过程，分别是测量、比较、判断和处理，具体内容如下。

1. 测量

测量主要是为了收集数据。在进行合格控制时，需要收集产品的相关数据，才能判断产品是否合格。因此，在项目质量管理的过程中，项目组织一定要配备相关的测量仪器，同时要保证这些仪器测量出来的数据是准确的。此外，项目质量管理人员还要设计合理的测量方案。图7-22所示为全自动影像测量仪，能够帮助工作人员测量基本几何元素、组合元素等。

图7-22 全自动影像测量仪

2. 比较

比较是指将测量出来的数据与质量标准对比，从而发现其是否存在偏差。

3. 判断和处理

判断和处理是最重要的两个环节。其主要是通过运用科学的方法来判断产品的质量是否合格，并处理好判断结果。

7.3.7 监督原理

在项目实施的过程中，有的人可能为了利润而偷工减料，导致产品后续出现许多质量问题。为了避免这种情况，监督是非常必要的。针对质量方面的监督一般包括4个方面，分别是社会监督、政府监督、第三方监督、自我监督，具体内容如下。

1. 社会监督

社会监督主要是通过社会舆论、质量认证等方式来监督项目中产品的质量。一般来说，这种方式可以对项目的质量保证起到一定的影响。质量认证是社会监督中一项极其有效的方法，也可以称之为合格评定。

如果按照认证的对象进行分类，质量认证可以分为产品质量认证和质量管理体系认证两类。而按照认证的作用进行分类的话，质量认证还可以分为安全认证和合格认证两类。图7-23所示为质量管理体系认证证书。该证书经过授权的机构根据国际通用的质量标准和质量管理标准进行审核，颁发给符合要求的项目组织。

图 7-23 质量管理体系认证证书

2. 政府监督

政府监督不仅是对产品质量的监督，还包括对职能部门的行政监督，以及相关法律、法规的实施状况的监督等。可以说，政府监督是一种宏观监督，而这种宏观监督是强制性的。

3. 第三方监督

第三方监督是指由咨询公司等第三方来进行监督，像工程监理单位的监督就属于第三方监督。图 7-24 所示为第三方管理结构。从图中可以看出，一个工程项目通常会由政府相关部门、业主以及监理单位进行监督。

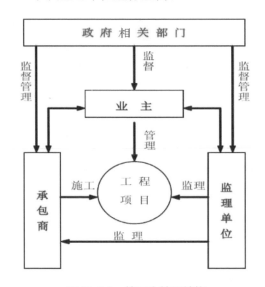

图 7-24　第三方管理结构

4. 自我监督

顾名思义，自我监督是指由项目组织自身对项目中的产品质量进行监督。

第 8 章

沟通管理：
有效推进管理进度

做好项目沟通管理对一个项目来说也是至关重要的。如果项目中出现沟通问题，往往会造成信息传递错误的情况，进而影响到整个项目的进度，因此在项目管理过程中，一定要做好沟通管理。本章我们来了解一下项目沟通管理的具体内容。

8.1　提前了解：沟通管理内容

因沟通产生问题的情况，几乎每个企业或项目组织都会存在。尤其是一些大型项目，项目部门和项目工作人员过多，都会加大沟通的难度，因此在项目管理的过程中，一定要注重项目的沟通管理。本节我们来了解一下项目沟通管理的基本情况。

8.1.1　沟通的基本原理

要想做好项目沟通管理，首先我们来了解一下沟通的基本原理。只有对沟通有充分的了解，才能在项目实施的过程中更好地进行项目沟通管理。下面我们介绍沟通的内涵、沟通的原则、沟通的结构与分类和沟通管理的作用。

1. 沟通的内涵

沟通是信息传递的过程，是沟通主体将自己的思想和感情给予特定的对象，并获得相应反馈的过程，其过程如图 8-1 所示。沟通的特点包括社会性、互动性、实用性、关系性、习得性和不可逆转性。

图 8-1　沟通的过程

2. 沟通的原则

在沟通的过程中，只有遵循四大原则，才能发挥出沟通的作用。四大原则的具体内容如下。

- 准确性原则。在沟通时，要保证自己表达的信息准确无误。
- 完整性原则。完整性原则是指表达的信息是完整的，不要漏掉一些信息。
- 及时性原则。沟通要及时，尤其是在项目实施过程中，不及时可能会耽误项目的进度。
- 策略性原则。在沟通时，要注意沟通的态度、技巧等。

3. 沟通的结构与分类

沟通的结构主要分为 3 个方面，即信息、反馈和通道，三者缺一不可。另外，沟通按照不同的分类方式，还可以分为不同的种类。一般来说，其主要有 3 种分类方式，具体内容如下。

1）根据具体结构分类

根据沟通的具体结构，沟通可以分为正式沟通和非正式沟通。其中，正式沟通和非正式沟通又有着多种形式，如非正式沟通有单线式、流言式、偶然式和集束式，如图 8-2 所示。

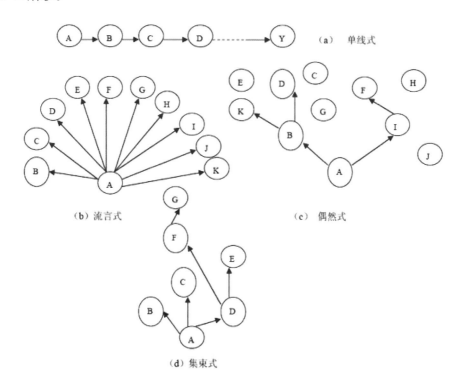

图 8-2 非正式沟通的形式

非正式沟通的作用如图 8-3 所示。

正式沟通有链式、Y 型、轮式、环式和全通道式 5 种形式。不同的形式，沟通的效果也是不同的。图 8-4 所示为各种正式沟通形式的比较。

正式沟通与非正式沟通各有各的特点，地位、方式也不尽相同。图 8-5 所示为正式沟通与非正式沟通的比较。

2）根据信息流动的方向分类

根据信息流动的方向，沟通可以分为上行沟通、平行沟通和下行沟通 3 种。上行沟通是指下级向上级提出意见、汇报工作等，是一种自下而上的沟通方式；下行沟通则是指自上而下的沟通，如领导下达命令；而平行沟通是指平级之间的沟通。

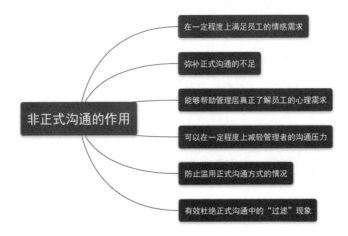

图 8-3　非正式沟通的作用

沟通模式指标	链式	Y型	轮式	环式	全通道式
解决问题的速度	适中	适中	快	慢	快
正确性	高	高	高	低	适中
领导者的突出性	相当显著	非常显著	非常显著	不突出	不突出
士气	适中	适中	低	高	高

图 8-4　各种正式沟通形式的比较

	正式沟通渠道	非正式沟通渠道
优点	(1) 制度化 (2) 传递信息的准确性、可靠性和系统性高 (3) 可保存、评估、追究责任 (4) 定期性	(1) 非制度化，脱离企业的等级结构 (2) 传递速度快，传递方式灵活 (3) 面对面的沟通，信息反馈基本上同时进行 (4) 目的性和针对性强，效率更高
缺点	速度较慢，效率较低 要整理起草正式的书面报告，不太便利	信息准确性、可靠性和系统性程度较低，或多或少地受人为因素的影响，难以追究责任
地位	企业信息沟通的主体	信息沟通的补充渠道，难以消除
主要方式	例会制度、报告制度、文件、书面通知	谈话、座谈会、建议等
措施	建立和完善正式沟通渠道，提供有效的沟通方式	应加强引导和控制

图 8-5　正式沟通与非正式沟通的比较

3）根据沟通的方式分类

根据沟通的方式，沟通可以分为语言沟通和非语言沟通，如图 8-6 所示。值得注意的是，最有效的沟通方式还是语言沟通和非语言沟通二者相结合的形式。

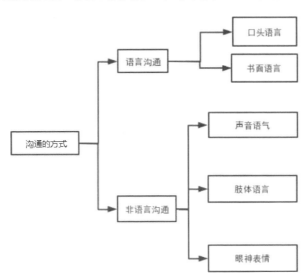

图 8-6　沟通的方式

4. 沟通管理的作用

在一个项目或工作中，对沟通进行管理有利于项目以及工作的推进。此外，沟通管理的作用，如图 8-7 所示。

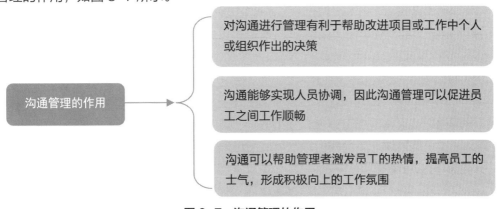

图 8-7　沟通管理的作用

8.1.2　项目沟通

一个项目往往涉及多个部门，每个部门都会有多名员工。一些规模大的项目，员工的数量众多，而沟通是实现在员工之间信息传递的方式之一。项目沟通具有复杂性和系统性两大特征。此外，项目沟通的基本原则主要有 5 个，即及时性、准确性、完整性、可理解性和运用非正式组织沟通的原则。下面我们来了解一下项目沟通的作用、项目沟通的过程、项目沟通的有效方式和项目沟通管理。

1. 项目沟通的作用

在项目中，项目沟通的作用主要包括以下 4 点。
- 项目沟通是项目中科学管理和决策的基础和依据。
- 项目沟通也是项目中组织和控制的重要手段。
- 一个好的项目沟通能够帮助项目团队建立并完善项目团队中的人际关系。
- 项目沟通还是项目管理者领导项目团队的途径。

2. 项目沟通的过程

图 8-8 所示为项目沟通的过程。由图中可以看出，项目沟通中包含了信息发送者、信息接收者、信息传递的媒介、噪声、反馈等多个基本要素。

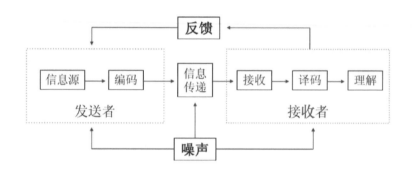

图 8-8　项目沟通的过程

3. 项目沟通的有效方式

要想保证项目沟通的有效性，我们先要了解沟通中的障碍情况，然后运用一定的技巧来解决这些障碍。下面我们介绍项目沟通障碍以及促进项目有效沟通的方法。

1）项目沟通障碍

项目沟通障碍有很多，包括信息量过大、噪声干扰、语义的曲解等。其表现形式有 3 种，分别是沟通延迟、信息过滤、信息扭曲。

2）促进项目有效沟通的方法

有效沟通有依赖性、一致性、内容、明确性、持续性与连贯性、渠道、接受者的接受能力七大原则。我们可以从 6 个方面促进项目的有效沟通，分别是充分运用反馈、选择好的表达方式、有效倾听、克制自己的不良情绪、察言观色并懂得随机应变、积极表达并反馈。

8.1.3 项目沟通管理

项目沟通管理不仅是对沟通进行管理，还是一个以保证及时恰当地创建、收集、发布、存储并处理项目信息为目的的过程。其主要特点为沟通的范围广、内容多、层次复杂以及过程贯穿项目的始终。

8.2 管理过程：促进有效沟通

在项目实施过程中，项目沟通管理主要包括四大过程，分别是沟通计划编制、信息分发、绩效报告、管理收尾，如图 8-9 所示。

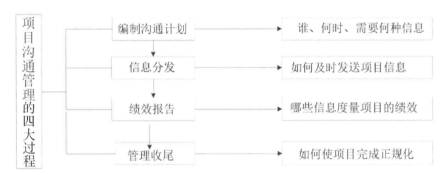

图 8-9 项目沟通管理的四大过程

在项目中，完整且有效地实施项目沟通管理的四大过程，能够保障项目过程中沟通的有效性，进而促进项目的顺利完成。本节我们来讨论一下项目沟通管理四大过程的基本情况。

8.2.1 编制沟通计划

编制沟通计划主要是为了明确项目干系人所需的信息和沟通需求，即什么人要什么信息，什么时候需要这些信息以及怎么获取这些信息。图 8-10 所示为编制沟通计划的输入、工具与技术、输出情况。

图 8-10　编制沟通计划的输入、工具与技术、输出情况

下面我们来了解一下沟通要求、干系人分析、沟通管理计划。

1. 沟通要求

在编制沟通计划的过程中，其依据主要有沟通要求、沟通技巧、制约因素、假设因素 4 个方面。其中，沟通要求是项目干系人总的信息需求，决定了项目沟通中需要哪些信息。

2. 干系人分析

干系人是指会因为项目的实施和结果而直接或间接受到影响的个人和组织。在编制沟通计划时一定要识别、分析项目的干系人，了解他们的需求和期望，并设法满足他们的需求和期望，以确保项目的成功。图 8-11 所示为项目干系人与项目的关系。

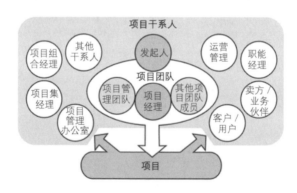

图 8-11　项目干系人与项目的关系

由图 8-11 可知，项目干系人不仅有内部干系人，还有外部干系人。因此，干系人分析也包括内部干系人分析和外部干系人分析。

3. 沟通管理计划

沟通管理计划主要包括 6 个方面的内容，分别是信息收集及归档的格式方式、信息发布的结构、对需要发送的信息的描述、生产进度计划、调用信息的方式和对沟通管理计划的更新和细化。

8.2.2 信息分发

信息分发主要是将相关的项目信息及时地传送给相关项目干系人，而项目信息则是一些与项目实施有关系的各种信息。一般来说，项目信息主要包括以下 5 个方面内容。

- 自上而下的项目信息，如项目目标、工作方法和指导性意见等信息。
- 自下而上的项目信息，如项目时间、费用、质量等信息。
- 横向流动的项目信息，即在同一层级间流动的信息。
- 以一些综合部门为中心的流动信息，如经理办公室、顾问室等综合部门的信息。
- 项目管理层与环境之间流动的项目信息。

图 8-12 所示为信息分发的输入、工具与技术、输出情况。由图可知，信息分发的依据主要是工作结果、沟通管理计划、项目计划等。

图 8-12　信息分发的输入、工具与技术、输出情况

下面，我们来了解一下信息分发过程中的信息分发系统和项目报告。

1. 信息分发系统

一般来说，信息分发系统主要有项目会议、演讲、会见、谈判等。项目团队通过多种方式将信息发送出去，从而保障项目的顺利进行。下面简要介绍项目会议和演讲。

1）项目会议

项目会议是信息分发比较常见的形式，项目管理层通过项目会议针对项目提出相关意见，同一层级的工作人员也借助项目会议不断改进项目计划，调整项目进度，解决项目中出现的问题。

项目会议主要分为 3 类，即情况评审会议、项目问题解决会议、项目技术评审会议。其流程为制订会议计划、组织会议、开展会议、会后总结。

2）演讲

在演讲前,一定要做好准备工作,这样才能保障演讲者在演讲时有条不紊。演讲前的准备工作主要包括 7 个方面,即确定演讲的目的、了解本次演讲的听众、准备演讲提纲、使用简单易懂的语言、准备好教具、事先调试好演讲设备、提前演练。

另外,在演讲时一定要控制好演讲的时间,最好按照以下的时间安排进行演讲,如图 8-13 所示。

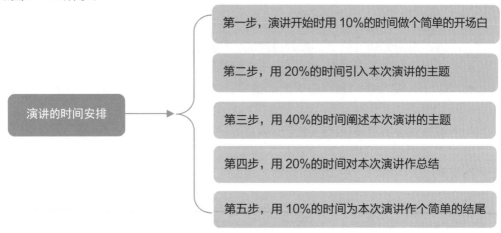

图 8-13　演讲的时间安排

2．项目报告

项目报告主要是指项目进度报告,其编制的依据主要是项目计划和工作的结果。编制的方法主要有综合报告方法、进度报告方法、费用报告方法。

8.2.3　绩效报告

项目中的绩效报告主要是指在整个项目执行过程中,在一定时期内给出一个有关项目各方面进展情况的报告。图 8-14 所示为绩效报告的输入、工具与技术、输出情况。

图 8-14　绩效报告的输入、工具与技术、输出情况

绩效报告主要包括状况报告、进展报告、预测报告。其中状况报告是指描述项目当前状况的报告，进展报告则是描述项目进展情况的报告，而预测报告就是预测未来项目状况和进展的报告。图 8-15 所示为项目进展报告的内容。

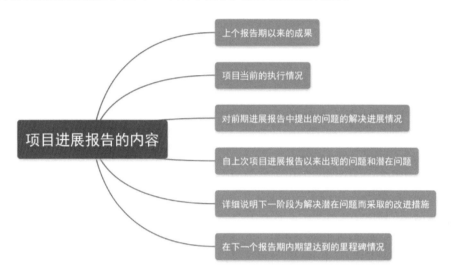

图 8-15　项目进展报告的内容

8.2.4　管理收尾

当项目实现了总目标或因故终止时，就需要工作人员进行收尾。管理收尾主要包括形成项目结果文档、收集项目中的记录、总结经验教训和归档项目的成果。图 8-16 所示为管理收尾的输入、工具与技术、输出情况。

图 8-16　管理收尾的输入、工具与技术、输出情况

第 9 章

风险管理：
提高防范控制能力

每个项目都不可避免地遇到风险，且越复杂、越独特的项目，所面临的风险就越多，因此对风险进行管理也是项目管理中的重要部分。本章我们来了解一下项目风险管理的具体内容。

9.1 系统分析：项目风险管理

项目存在风险也是造成项目具有不确定性的原因。风险的发生有可能给项目带来不利影响，也有可能给项目带来有利影响。本节我们先来了解一下项目风险管理的基本情况，以便帮助读者更好地应对项目中可能出现的风险。

9.1.1 项目风险的定义

项目风险是指能够影响项目完成进度的任何潜在因素。因为风险的存在，所以项目存在着不确定性。而因项目风险带来的不确定性，项目经理和项目团队在项目完成之前都无法完全消除。

项目风险管理大致可以分为项目风险识别、项目风险分析、项目风险监控等步骤，而风险管理的主要目标是最大限度地降低项目实施中的风险，降低风险发生的可能性。其中，项目风险识别是指明确项目的不确定因素、风险来源、风险影响及项目风险特点的过程。项目风险存在于项目的各个阶段，项目风险识别在充分调查之后，会对项目各阶段存在的一系列风险进行分类和识别。

项目风险分析是一个连续的过程，能够在整个项目周期中的任意阶段进行，是项目风险管理的首要工作，是实施项目风险管理的重要内容，用来找出项目的不确定因素，并作出正确判断。

项目风险监控则是指在决策主体的运行过程中，对风险的发展与变化情况进行全程监督，并根据需要及时调整应对策略。

9.1.2 项目风险的分类

根据不同的需要，按照不同的标准，从不同的角度出发，可以对项目风险进行不同的分类，具体内容如下。

1. 客观角度

从客观角度出发，项目风险可以分为以下两类。

1）系统风险

系统风险是由项目所处的外部环境产生的风险，是项目团队无法回避也无法控制的风险，只能被动应付，以求减少风险损失。

2）非系统风险

非系统风险是由项目内部环境产生的风险，是项目团队可以在一定程度上加以控制的风险，其取决于项目团队的风险管理水平。

2. 主观角度

从主观角度出发，项目风险可以分为认识风险、决策风险、控制风险 3 种。其中，认识风险是指那些难以预料的风险，主要考验项目团队的学习能力；决策风险是指那些难以预防的风险，主要考验项目团队的管理能力；而控制风险则是指那些难以应付的风险，主要考验项目团队的执行能力。

3. 其他角度

除了客观角度和主观角度以外，项目风险还可以从其他多个方面进行分类，如风险的潜在损失形态等，具体内容如下。

- 按风险的潜在损失形态，可将风险分为财产风险、人身风险和责任风险。
- 按风险事故的后果，可将风险分为纯粹风险和投机风险。
- 按风险波及的范围，可将风险分为特定风险和基本风险。
- 按损失产生的原因，可将风险分为自然风险和人为风险。
- 按风险作用的对象，可将风险分为微观风险和宏观风险。
- 按风险能否处理，可将风险分为可管理风险和不可管理风险。

值得注意的是，根据风险发生的概率和损失情况，还可以将风险划分为低风险区、中风险区、高风险区 3 个风险区，如图 9-1 所示。

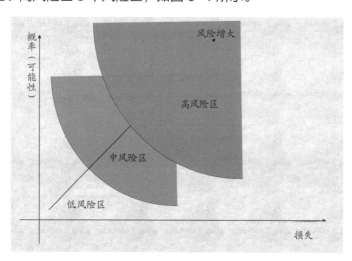

图 9-1 风险区

9.1.3 项目风险的属性

项目风险的属性主要有 5 点，分别是普遍性、随机性、相对性、可变性、可管理性，如图 9-3 所示。

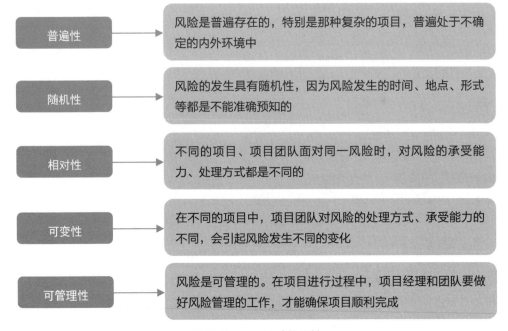

图 9-2　项目风险的属性

9.1.4　项目风险的效用

　　风险效用将市场参与者的风险偏好分成了 3 类，分别是风险厌恶、风险中庸和风险喜好，如图 9-3 所示。不同的人对同一风险的感受是不一样的，可以通过效用曲线来反映。

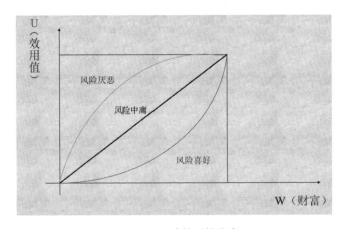

图 9-3　风险效用的分类

9.1.5 项目风险的管理

项目风险管理主要是为了顺利完成项目，而对项目生命周期内的风险进行识别、分配、应对。项目风险管理是一项综合性的管理活动。

由于项目风险的随机性，项目风险管理工作在整个项目过程中是交叉和重叠进行的，因此项目风险管理工作是一个动态的工作过程。下面我们来了解一下项目风险管理的目标和内涵。

1. 目标

规避掉所有的系统风险，消除所有的非系统性风险是项目风险管理的理想目标。一般来说，项目风险管理目标可以分为以下 4 个阶段。

第一阶段主要是尽早识别出项目中的各种风险，而且是越早越好。只有越早识别出项目中的风险，才能让项目团队有时间去应对，也能让项目团队占据主动地位。第二阶段是要预防，项目团队要尽快做好预防措施，避免风险事件的发生。第三阶段是要尽量降低风险造成的损害。第四阶段则是要总结过程中应对项目风险带来的经验。

2. 内涵

项目风险管理主要有三大内涵，分别是全过程管理、全员管理、全要素集成管理，具体内容如下。

1）全过程管理

项目风险管理不是在项目实施前事先判断影响项目的不确定因素，也不是在项目过程中积极应对实际发生的风险，更不是在项目结束后总结应对的经验。项目风险管理是要对项目的全过程进行管理，而这也要求项目中的风险管理人员不仅要有全局观，会审时度势、高瞻远瞩，还要在风险发生时，能够临危不乱，及时采取应对措施。

2）全员管理

项目风险管理不是一个部门的事情，而是要项目全部人员都能够参与到项目风险管理的过程中。项目风险不仅受政治、经济、社会、文化等外部环境中的不确定因素影响，还会受项目在计划、组织等过程中产生的不确定因素影响，因此对项目风险进行管理既要对外部环境中的不确定因素进行管理，还要对项目自身所产生的不确定因素进行管理。在两种不确定因素中，后者的人为影响比较大。

3）全要素集成管理

根据项目风险管理的项目目标来看，项目风险管理主要还涉及项目工期、造价和质量方面的问题。项目风险管理的过程也可以说是在一定条件下，追求项目最短工期、最低造价、质量最优的一个过程，而项目工期、造价和质量这三者互相影响、互相作用，因此项目风险管理也是对工期、造价和质量的全要素集成管理。

9.1.6 国内外研究情况

针对项目风险管理，国内外相关学者进行了研究。下面我们来讨论一下项目风险管理的国内外研究情况。

1. 国外

20世纪五六十年代，欧美就建立了许多项目，主要是在能源、水力和交通方面。但是，这些项目较为复杂，且工期较长，存在着许多不确定因素，因此项目工作人员管理项目时也面临着许多风险，于是就产生了项目风险管理的概念。在西方，为了能够更好地管理项目中的风险，各国都陆续建立了风险管理机构，分别对风险进行分析和研究，并涉及了社会的各个领域。

2. 国内

20世纪70年代，我国的经济发展还比较缓慢，因此在项目风险管理上没有过高的意识，仅仅只是引进了一些项目管理方面的基本理论、方法和程序等，对于项目风险管理的理论和方法却缺乏关注。但是，随着我国经济的不断发展，20世纪80年代，我国引进了先进的风险管理的理论和方法，并应用在项目管理中。这时，我国的项目风险管理才刚刚起步。

因此，我国与国外在项目风险管理方面还存在着很大的差距，我们不仅要针对相关的问题进行研究，还要针对这些问题研究出具有中国特色的、适合我国项目管理的风险管理理论。这样才能帮助管理我国项目中的风险，缩小与国外的差距。

9.2 应对措施：项目风险管理的内容

项目风险管理是要识别、评估潜在的影响，同时制订并实施计划将这些潜在影响控制在最低程度的过程。由此可以看出，项目风险管理的主要内容包括了风险识别、风险评估、风险对策、风险控制。本节我们介绍项目风险管理的内容。

9.2.1 风险识别

风险识别，不仅是要识别风险的来源，还包括确定风险的发生条件以及描述风险征兆。另外，风险识别还具有5个特点，即全员性、系统性、动态性、信息性、综合性。

在风险识别的过程中，要确定3个因素，即风险来源、风险事件和风险征兆。其中，风险来源是指风险的时间、费用、技术等，风险事件则是指给项目带来消极影响的事件，而风险征兆则是指实际的风险事件的间接表现，也可以说是触发器。图 9-4 所示为项目风险源。

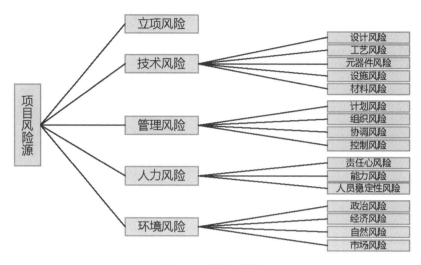

图 9-4 项目风险源

图 9-5 所示为风险识别的输入、工具与技术、输出情况。由图中可以看出，风险识别后会输出一本风险登记册。

图 9-5 风险识别的输入、工具与技术、输出情况

那么，项目风险管理人员怎么识别风险呢？一般来说，项目风险管理人员主要使用检查表法、头脑风暴法、故障树等方法来识别风险，下面我们来具体了解一下这 3 种方法。

1. 检查表法

检查表法主要通过使用检查表的方式来识别风险，其优点如图 9-6 所示。

图 9-6 检查表法的优点

一般来说，项目启动大会上会发布一张检查表，其中包括项目名称、检查人、检查日期、有效检查项、通过项、通过率等信息。这些信息能够帮助项目风险管理者及时地了解到项目出现问题的原因。图 9-7 所示为项目启动大会检查表。

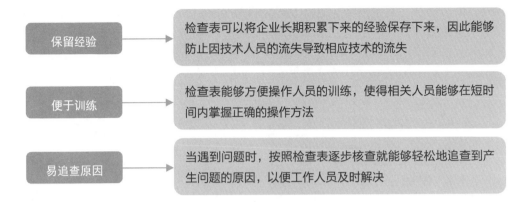

图 9-7 项目启动大会检查表

2. 头脑风暴法

头脑风暴法是指依靠专家的力量，通过专家的创造性思维来获取未来信息的一种直观预测和识别方法。这种方法一般是在一个专家小组内进行，通过专家会议的形式来激发专家的创造性思维。

3. 故障树

故障树是一种特殊的倒立树状逻辑因果关系图，它用事件符号、逻辑门符号和转移符号描述系统中各种事件之间的因果关系。值得注意的是，常用的逻辑门符号有表决门、异或门和禁门等。图 9-8 所示为故障树模型。

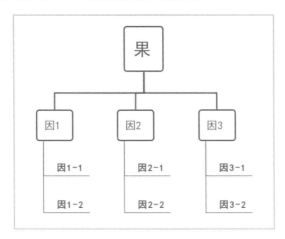

图 9-8　故障树模型

9.2.2　风险评估

风险评估是在风险识别的基础上，分析每种风险的损失发生概率和损失程度，并根据对项目的影响程度来进行排序的过程。风险评估有两种方法，一种是定性分析法，另一种是定量分析法。下面我们具体介绍这两种方法。

1. 定性分析法

定性分析法是评估已识别出的项目风险的影响和可能性过程的方法。定性分析法按风险对项目的目标可能的影响对风险进行排序，一般分为高、中、低 3 档。图 9-9 所示为定性分析法的输入、工具与技术、输出情况。

图 9-9　定性分析法的输入、工具与技术、输出情况

定性分析法一般是将风险事件的可能性、严重性、发现难度按照高、中、低 3 档

的形式表现出来，如图 9-10 所示。

风险事件	可能性 （低中高）	严重性 （低中高）	发现难度 （低中高）	发生时间
系统死机	低	高	高	开始
用户反对	高	中	中	安装后
硬件故障	低	高	高	安装中

图 9-10　定性分析法案例

2．定量分析法

定量分析法分析出的结果是风险的大小和严重程度，主要是通过将每种风险的概率以及后果进行量化分析。图 9-11 所示为风险对项目不同目标影响严重程度的估计。

项目 目标	极低 (0.05)	低 (0.1)	中 (0.2)	高 (0.4)	极高 (0.8)
成本	几乎没有	5%	5%~10%	10%~20%	20%以上
进度	几乎没有	5%	5%~10%	10%~20%	20%以上
范围	几乎没有	变次要部分	变主要部分	业主不接受	最终产品无用
质量	几乎没有	最苛求处影响	标准降低	业主不接受	产品无法使用

图 9-11　风险对项目不同目标影响严重程度的估计

项目风险管理人员在使用定量分析法的时候，要遵循以下 5 个原则。
- 全面周详的原则。
- 综合考察的原则。
- 量力而行的原则。
- 科学和实事求是的原则。
- 系统化、制度化、经常化的原则。

图 9-12 所示为定量分析法的输入、工具与技术、输出情况。在风险估计的过程中，项目风险管理人员一般使用的工具与技术为数据收集和表示技术、定量风险分析和模型技术。

定量分析法还可以采用决策树法、交汇点法、敏感性分析法等。下面我们来介绍决策树法和敏感性分析法。

1）决策树法

决策树法通过利用概率论，能够帮助相关人员更快、更好地进行风险评估。图 9-13

所示为决策树模型。

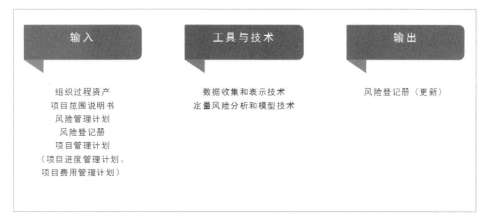

图9-12 定量分析法的输入、工具与技术、输出情况

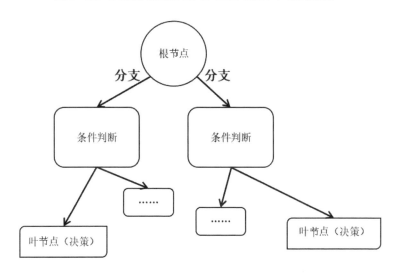

图9-13 决策树模型

2）敏感性分析法

敏感性分析法主要是为了确定项目中的敏感性因素，进而了解项目中的经济效果可能变动的范围以及项目风险的大小。一般来说，不确定因素的变化会导致决策评价的变化，而敏感性分析便是通过其变化的幅度来了解各种因素的变化对项目目标实现的影响情况。

敏感性分析法有单因素敏感分析、双因素敏感分析两种，其分析步骤如下。

- 选择不确定性因素，设定因素的变化范围。
- 确定分析指标。

- 计算各因素的变化对经济指标的影响，并画出敏感性分析图。
- 确定敏感因素，对方案的风险作出判断。

9.2.3 风险对策

在应对风险时，项目风险管理人员主要使用的工具与技术为消极风险或威胁的应对策略、积极风险或机会的应对策略、威胁或机会的应对策略、应急应对策略。图 9-14 所示为风险对策的输入、工具与技术、输出情况。

图 9-14　风险对策的输入、工具与技术、输出情况

在应对风险的时候，项目风险管理人员还可以制订风险应对计划表，如图 9-15 所示。通过将表中风险事件的风险因素、结果、可能性、影响程度、应对措施、负责人填写出来，能够帮助其做好风险应对计划。

优先级	风险事件		可能性	影响程度	应对措施	负责人
	风险因素	结果				

图 9-15　风险应对计划表

在项目风险管理的过程中，主要有 4 个重要的应对措施，分别是风险规避、风险转移、风险减轻、风险接受。下面我们来讨论一下这 4 个重要的风险应对措施。

1. 风险规避

当项目人员判断出某个风险会产生严重的不利后果，并且项目团队还没有足够有效的方法来管理时，就会采用从根本上放弃项目，或改变项目的目标和行动方案的方式，而这种方式就是风险规避。

风险规避的具体方法有放弃或终止某项活动、改变某项活动的性质、放弃某项不成熟工艺等，例如，私有云客户版升级就是一种风险规避措施，私有云客户版升级一定要在测试环境中演练通过后才能实施。

2. 风险转移

顾名思义，风险转移就是将风险转移出去，又可以称为合伙分担风险。风险转移不是为了降低风险发生的概率和不利后果的大小，而是在风险事件发生时，通过合同和协议的方式将一部分损失转移到第三方身上，例如，通过合同或购买保险等方法，将项目转移给分包商或保险商。

风险转移可分为 3 类，具体内容如下。
- 控制型非保险转移：出售、分包、开脱责任合同。
- 财务型非保险转移：免责约定、保证合同。
- 保险与担保。

3. 风险减轻

风险减轻是指减少风险发生的概率以及在风险发生后减少损失的程度。其主要是通过从风险产生的根源上来减轻项目的风险。风险减轻主要包括两个方面，一方面是损失预防，是指通过减少或消除项目中的各种风险因素，来降低损失发生的可能性；另一方面是损失抑制，是指在损失发生时或发生后，为了减少损失而采取的各种措施。

4. 风险接受

风险接受是最省事，也是在一定情况下最省钱的方式，是由项目组织自己采取措施去承担因风险造成的损失，因此也被称为承担风险。风险接受的类型有 4 种，分别是主动自留风险、被动自留风险、全部自留风险、部分自留风险。

9.2.4 风险控制

风险控制是指在项目管理过程中实施项目风险管理方案，对项目中的风险事件作出响应，如追踪已识别过的风险，监控剩余风险，识别新的风险并采取措施。在风险控制阶段，输入主要包括风险管理计划、风险登记册、批准的变更请求、工作绩效信息、绩效报告，如图 9-16 所示。

图 9-17 所示为风险跟踪控制的基本原理，包括 5 个步骤。其核心依据在于制订一个能够不断优化更新的风险管理计划。

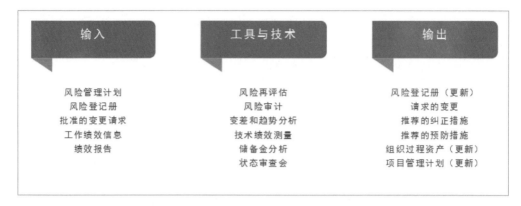

图 9-16　风险控制的输入、工具与技术、输出情况

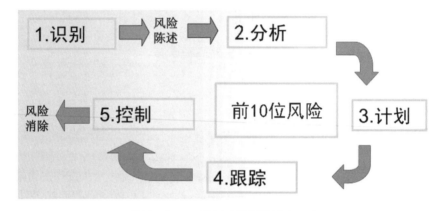

图 9-17　风险跟踪控制的基本原理

值得注意的是，风险监控包括八大程序，其内容分别是监控风险设想、跟踪风险管理计划的实施、跟踪风险应对计划的实施、制定风险监控标准、采取有效的风险监督和控制方法工具、报告风险状态、发出风险预警信号、提出风险处置新建议。

第 10 章

采购管理：
满足项目最优需求

项目采购管理是管理在项目实施过程中向外部采购资源的过程。项目采购管理是关系到项目是否成功的关键环节，有效的项目采购管理有助于项目的实施。本章我们来了解一下项目采购管理的具体内容。

10.1　内容梗概：项目采购管理

一个好的项目采购能够满足项目的最优需求。在了解项目采购管理之前，我们先来了解一下项目采购管理的基本情况。

10.1.1　采购

采购是指企业、单位或个人在市场中获取产品或服务作为企业或自己的资源，用来保障企业及自身生产的一项经营活动。采购有以下3种定义。

- 采购是从市场中获取资源的过程。
- 采购是一种商流过程，也是一种物流过程。
- 采购是一种经济活动。

下面我们来了解一下采购形式、影响采购的因素和采购的对象。

1. 采购形式

一般来说，常见的采购形式有3种，分别是战略采购、日常采购和采购外包，具体内容如下。

1）战略采购

战略采购是一种将数据分析作为基础的系统化采购方法。战略采购与常规采购不同，常规采购一般注重的是最低总成本，而战略采购则注重的是单一最低采购价格。简单来说，常规采购是一个以最低价格获取当前所需资源的简单交易，而战略采购则是用最低的成本价来建立一个服务供给渠道的过程。

战略采购有以下四大基础。

- 成本管理。
- 有关供应商的产品质量与交货准确率的报告卡。
- 供应商技术能力的评估。
- 融合度。融合度主要包括企业间密切合作的程度和企业文化啮合程度的主观评判。

其实，战略采购可以说是整合公司和供应商战略目标和经营活动的纽带，对公司和供应商双方的发展都有一定的影响。战略采购主要由4个方面构成，分别是供应商评价和选择、供应商发展、交易双方的关系建立、采购整合，具体内容如图10-1所示。

战略采购在实施时主要有7个环节，分别是建立采购类别、设计采购战略、建立供应商名单、选择实施方式、选择供应商、与供应商进行运营整合、与供应商市场不断进行基准比较。这7个环节的工作内容、工作成果如图10-2所示。

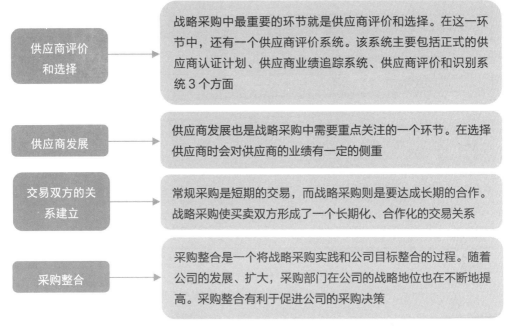

图 10-1 战略采购的构成

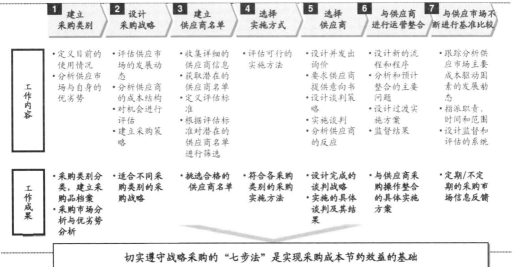

图 10-2 战略采购 7 个环节的工作内容、工作成果

战略采购还要遵循 4 项基本原则,其内容如图 10-3 所示。

考虑总体成本	在事实和数据信息基础上进行协商
• 必须对整个采购流程中所涉及的关键成本环节和其他相关的长期潜在成本进行评估 • 除了采购价格之外,还应考虑到使用成本和管理成本	• 谈判不是一味压价,而是基于对市场和自身的充分了解和长远预期的协商 • 在协商过程中需通过总体成本分析、供应商评估、市场调研为协商提供有力事实和数据信息,帮助企业认识自身议价优势,从而掌握协商的主动权
• 建立供应商评估与激励机制,通过与供应商长期稳定的合作,确立双赢的合作基准 • 具体手段包括帮助供应商优化运输计划、承诺最低采购量和价格保护等	• 企业和供应商都有其议价优势,如果对供应商所处的行业、供应商业务战略、运作、竞争优势、能力等有充分的认识,就可以帮助企业发现机会改善其目前的权力制衡地位 • 越来越多的企业在关注自己所在行业发展的同时,开始关注延伸供应链上相关行业的前景,考虑如何利用供应商的技能来增强自己的市场竞争力
采购的终极目标是建立双赢的战略合作伙伴关系	权力制衡

战略采购的定义

• 战略采购是指在充分平衡企业内外部优势的基础上,以降低整体成本为宗旨,涵盖整个采购流程,实现从需求描述直至付款的全程管理

图 10-3 战略采购的 4 项基本原则

战略采购实施的主要方式有 4 种,分别是集中采购,扩大供应商基础,优化采购流程和方式,原料、产品和服务的标准化,具体内容如图 10-4 所示。

集中采购	扩大供应商基础
• 通过采购量的集中来提高议价能力,降低单位采购成本,这是一种基本的战略采购方式 • 在一定程度上减少了采购物品的差异性,提高了采购服务的**标准化**,减少了后期管理的工作量 • 但集中采购也增加了采购部门与业务部门之间的沟通和协调的难度,增加了后期协调的难度。对于地区采购物品差异性较大的企业来说适用性较小	• 企业通过扩大供应商选择范围,有助于引入更多的竞争,降低采购成本 • 但对于某些核心生产和服务机构的原料/产品企业来说,往往会与少数战略合作伙伴建立长久关系,在保护核心技术的专有性的同时,也便于共同进行新产品/服务的开发和改良
• 通过招投标方式充分发挥公开招标中供应商之间的博弈机制,科学公正地选择最符合自身成本和利益需求的供应商 • 通过电子化采购方式降低采购处理费用 • 通过科学的经济批量计算合理安排采购频率和批量,降低采购费用和仓储直接成本和间接成本 • 对供应商提供的服务和原料进行有选择的购买	• 在产品、服务设计阶段就充分考虑未来采购、制造、储运等环节的运作成本,提高原料、工艺和服务的标准化程度,减少差异性带来的后续成本 • 这是技术含量更高的一种战略采购,是整体供应链优化的充分体现,但技术可行性往往是一大问题
优化采购流程和方式	原料、产品和服务的标准化

战略采购实施的主要方式

图 10-4 战略采购实施的主要方式

2)日常采购

日常采购是指企业的采购人员根据已经确定好的供应协议和条款,以及企业的物料需求时间计划,以订单的形式发送给供应方,并安排、跟踪整个物流过程,以确保物料能够按时到达。

一般来说，采购由采购部门执行，财务部门、总经理负责审批付款申请，其流程如图 10-5 所示。

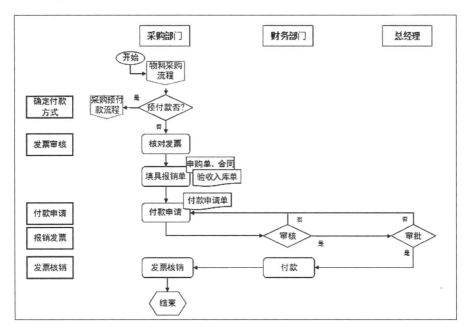

图 10-5 采购流程

3）采购外包

采购外包主要是将公司中全部或部分的采购业务外包给专业的采购服务供应商。采购服务供应商主要是通过自身专业的市场分析和信息捕捉能力，来帮助企业管理人员控制采购的成本。

一般来说，采购活动涉及企业的利益，因此大部分的企业都不愿意将采购业务外包给采购服务供应商。但是，对于一些小公司来说，将采购活动外包出去可以有效降低采购的成本和采购的风险。图 10-6 所示为采购外包的优势。

那么，什么样的企业适合将采购业务外包出去呢？一般存在以下 3 种情况的企业可以将采购外包出去。

- 采购不作为核心业务的企业、组织、机构可以采用外包的形式。
- 当有可靠的合作基础且没有供应限制的时候可以采用外包的形式。
- 存在一个较小的供应商能提供各种非战略性、非关键性、低成本/低风险的产品，这时可以将采购外包给这家供应商。

2. 影响采购的因素

影响采购的因素主要有 5 个方面，分别是品质、价格、交期、服务、配合度。在品质方面，品质控制的内容主要包括 3 个方面，如图 10-7 所示。

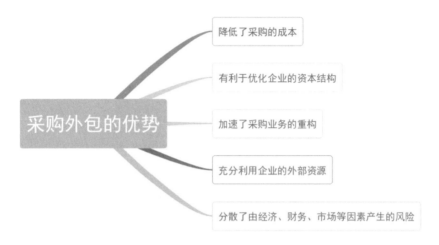

图 10-6　采购外包的优势

内容	说明
对供应物料品质的控制	包括物料的生产过程、设备、环境等内容
进货检验	包括物料的数量、规格、质量等内容
对采购物流过程中品质的控制	包括交货时间、地点、方式等内容

图 10-7　品质控制的内容

另外，采购价格还受物料成本、供需关系、季节变化、市场环境、交货条件 5 方面因素的影响。

3. 采购的对象

采购的对象分为两种，一种是直接物料，主要用于企业向外部提供的产品或服务；另一种是间接物料，主要用在企业内部生产或经营活动之中。

10.1.2　项目采购

项目采购是指项目组织在外部获得货物和服务的过程。下面我们来了解一下项目采购的基本情况。

1. 项目采购的方式

项目采购的方式主要分为 4 种，分别是公开竞争性招标、有限竞争性招标、询价采购、直接采购，具体内容如图 10-8 所示。

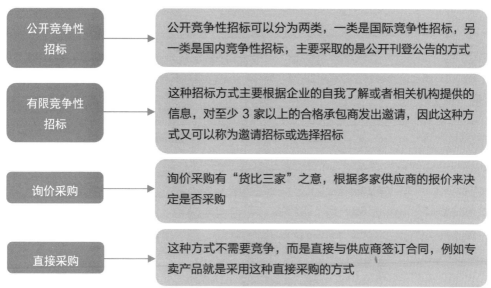

图 10-8　项目采购的方式

2. 项目采购的分类

项目采购主要分为 3 类，分别是工程采购、货物采购、咨询服务采购，具体内容如图 10-9 所示。

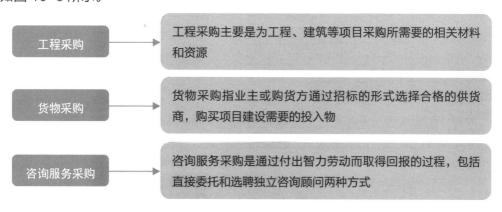

图 10-9　项目采购的分类

值得注意的是，项目采购过程中应遵循一定的原则，如成本效益原则、质量原则、时间原则、公平原则。

3. 项目采购的目标

项目采购能够为项目建设奠定物资基础，是项目费用控制的核心环节，其目标如图 10-10 所示。

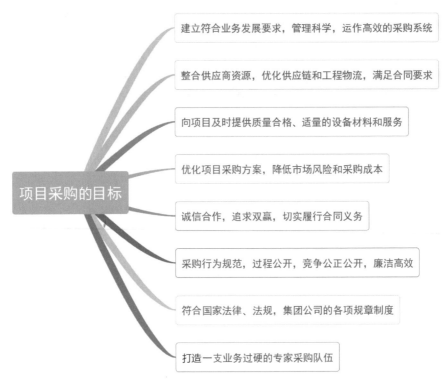

图 10-10　项目采购的目标

10.1.3　项目采购管理

项目采购管理是从项目团队外部获取所需的产品、服务或成果的完整的过程。在项目采购管理过程中，需要通过协议来描述买卖双方的关系。项目采购管理主要分为 4 个部分，分别是战略合作管理、采购管理过程、采购管理工具和技术、采购管理的作用。下面我们来了解一下战略合作管理和采购管理的作用。

1. 战略合作管理

采购包括了买卖双方。战略合作是指企业与供应链各成员应该建立以信任和共同的目标为基础、共享资源、共担风险的合作关系，因此战略合作管理的本质也就是供应链管理。

值得注意的是，企业与供应链中各成员之间的战略合作关系有以下几个特点。
- 战略合作关系是一种长期的、互相信赖的合作关系。
- 这种关系主要是通过口头或明确的合约方式确定，双方可以在各个层次上都进行相应的沟通。
- 在这种关系中，双方都有着共同的目标，并且双方都在为这些目标而不断地调整自己的计划。
- 合作双方必须互相信任，共担风险，共享资源和信息。

与供应商建立战略合作关系的意义如图 10-11 所示。

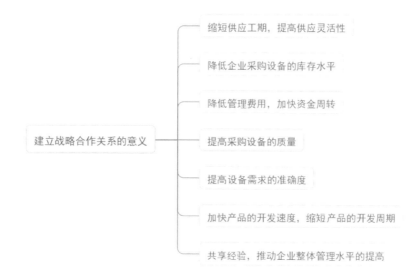

图 10-11　建立战略合作关系的意义

在企业与供应商确定战略合作关系之前，应先签订战略合作协议。该协议由企业的市场部起草，主要是为了明确双方的权利、义务、合作模式等。协议一式两份，内容主要包括合作目标、合作内容、合作期限、合作双方的权利义务、合作模式等。图 10-12 所示为战略合作协议的部分内容。

2. 采购管理的作用

采购管理是整个项目管理中不可或缺的一部分，在项目运作的各个环节中都起着重要的作用，其作用如图 10-13 所示。

战略合作协议

甲方：　　　　　　　　（以下简称“甲方”）

乙方：　　　　　　　　（以下简称“乙方”）

甲乙双方基于良好的信任及在市场方面的协同性，基于双方长远发展战略上的考虑，决定共同携手，就＿＿＿＿＿＿等领域开展合作。双方均以优秀的企业理念与专业性，本着“互惠、互利、稳定、恒久、高效、优质”的合作精神，结成深度的战略合作伙伴关系。现经双方友好协商，达成以下共识：

1. 合作纲领

1.1 合作宗旨

甲方是国内领先的 xx 用品经销商，拥有优良的销售渠道，乙方是国内xx 专业设计及相关高端装备制造企业。甲、乙双方在 xx 领域的优势具有互补性，甲方与乙方的合作宗旨是通过双方的紧密合作，打造双赢、可持续发展的战略合作伙伴关系。

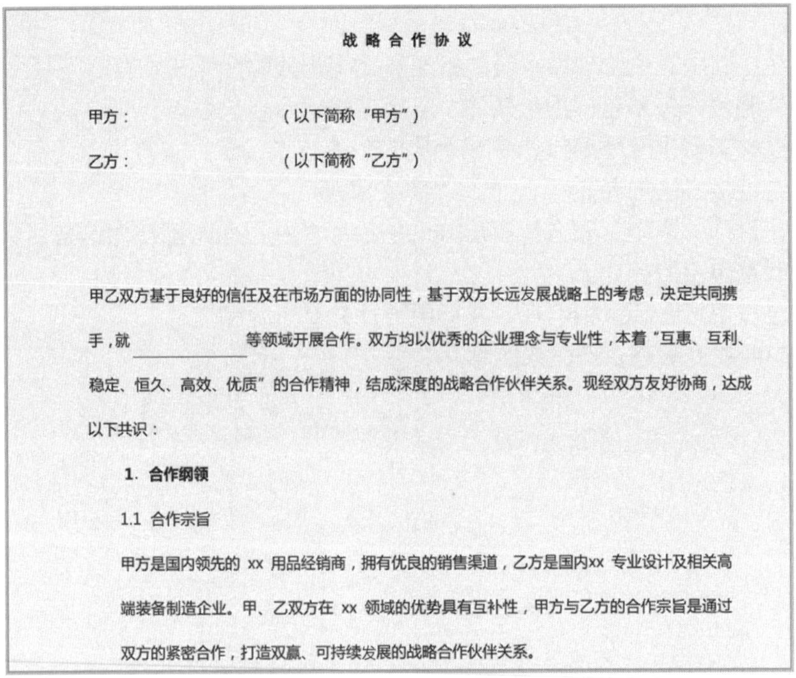

图 10-12　战略合作协议的部分内容

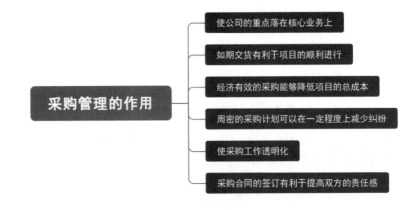

图 10-13　采购管理的作用

10.2　全程解析：项目采购管理过程

项目采购的过程如图 10-14 所示。

项目采购管理主要有 4 个过程，即规划采购、实施采购、控制采购和结束采购，其具体内容如图 10-15 所示。本节我们来了解一下项目采购管理 4 个过程的具体内容。

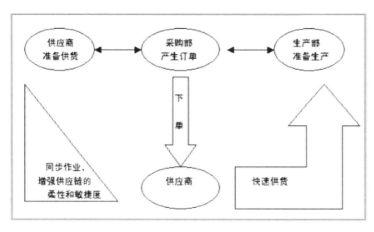

图 10-14　项目采购的过程

过程组	管理过程	说明
规划	规划采购	记录项目采购决策、明确采购方法、识别潜在卖方的过程
执行	实施采购	得到卖方的应答、选择卖方并签订合同的过程
监督	控制采购	管理采购关系、监督合同绩效，实施必要的变更和纠偏以及关闭合同的过程
结束	结束采购	合同的结算收尾、归档过程，处理合同的未尽事宜

图 10-15　项目采购管理的过程

10.2.1　规划采购

规划采购的作用主要是确定获取货物和服务的时间、方式和类型等。货物和服务可以在其他部门采购，也可以从外部获取。当确定从外部获取时，就要明确获取货物和服务的时间、方式和类型等。图 10-16 所示为规划采购管理的输入、工具与技术、输出情况。

规划采购管理主要包括以下 8 个环节。

1. 确定采购管理计划

在规划采购管理开始时就要确定好采购管理计划，这是最重要的。只有确定好了计划，采购活动才能很好地进行下去。

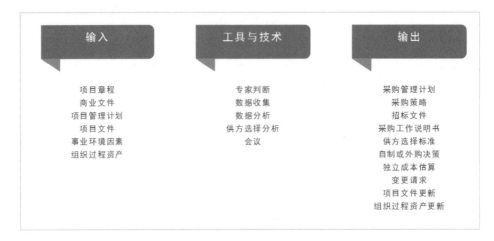

图 10-16　规划采购管理的输入、工具与技术、输出情况

2．自制与外购分析

自制与外购分析是一种通用的管理技术，主要是帮助项目团队确定项目中的某项工作是由自己完成还是需要从外部买入。有时，虽然项目团队内部有着完成某项工作的能力，但是由于该资源正在使用，所以为了满足进度要求，只能从外部购买。

3．确定采购策略

采购策略需要确定的是交付方法。根据项目的不同，交付方法也不同。一般来说，可以从专业服务项目的交付方法和施工项目的交付方法两个方面来考虑，具体内容如下。

1）专业服务项目的交付方法

专业服务项目的交付方法主要包括以下 4 种情况。

- 买方或服务提供方不得分包。
- 买方或服务提供方可以分包。
- 买方和服务提供方设立合资企业。
- 买方或服务提供方仅充当代表。

2）施工项目的交付方法

施工项目的交付方法包括以下 4 种。

- 交钥匙式（全包）。这种方式由工程总承包企业根据合同的约定，承包施工项目中的设计、采购等工作，并且对项目的质量、安全等多方面负责。
- 设计—招标—建造模式（design-bid-build，DBB），这种模式是应用最早的模式之一，主要是通过业主将项目中的工作委托给设计单位、承包商以及供货商等单位。图 10-17 所示为 DBB 模式。

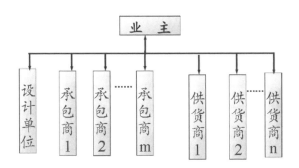

图 10-17　DBB 模式

- 设计—建造（design and build，DB）。这种方式不仅可以降低项目的成本，而且还能缩短工期。
- 设计—建造—运营（design-build-operation，DBO）。这种模式主要是由承包商来承包、设计并运营相关的设施，进而满足相关的设施要求。其特点可以概括为"单一责任"和"功能保证"。

4. 项目采购工作说明书

项目采购工作说明书（statement of work，SOW）的依据为项目范围基准，主要是针对在相关合同中的部分项目范围作定义。另外，在项目采购工作说明书中应该详细地说明需要采购的产品、服务或成果。这样才能确定他们能否提供相应的产品、服务或成果。

值得注意的是，项目采购工作说明书中还应该有产品的规格、数量、质量等方面的内容，以及相关的说明材料等，如绩效报告。另外，在项目采购的过程中，还要根据项目的需要及时地更改项目采购工作说明书，一直到合同签订或者项目采购说明书成为合同的一部分时才能停止。

5. 供方选择分析

供方选择分析最常用的选择方法有 6 种，分别是最低成本、仅凭资质、基于质量或技术方案得分、基于质量和成本、独有来源和固定预算。供方选择分析后会输出一项供方选择标准，其主要是为了对卖方建议书进行评级或打分。

值得注意的是，竞争性选择方法可能要求卖方在事前投入大量的时间和资源。因此，应该在采购文件中写明评估方法，让投标人了解将会被如何评估。

6. 独立成本估算

在一些项目中存在许多大型采购，而对于这些大型采购，相关人员可以通过独立成本估算的方式来进行估算。估算出来的结果可以成为评价卖方报价的对照基准。如果估算出来的结果与卖方报价相差较大，就说明采购工作说明书可能有问题，或者是卖方未能及时响应。

7. 准备招标文件

招标文件是指项目团队或企业用来征求卖方的建议书，如图 10-18 所示。其主要包括信息邀请书、报价邀请书、建议邀请书等 3 种，具体内容如下。

- 信息邀请书。其旨在要卖方提供企业需要采购的货物或服务的信息。
- 报价邀请书。顾名思义，其旨在要卖方提供货物或服务的费用明细。
- 建议邀请书。建议邀请书主要针对的是技术问题，例如，项目中购买的某项技术出现问题，而企业无法解决，就需要找供应商。

8. 订立合同

合同是买卖双方之间的法律文件，是对双方都具有约束力的协议。值得注意的是，合同肯定是协议，但是协议不一定是合同。

在采购过程中，合同一般有总价合同、成本补偿、工料合同 3 种类型，其内容如图 10-19 所示。

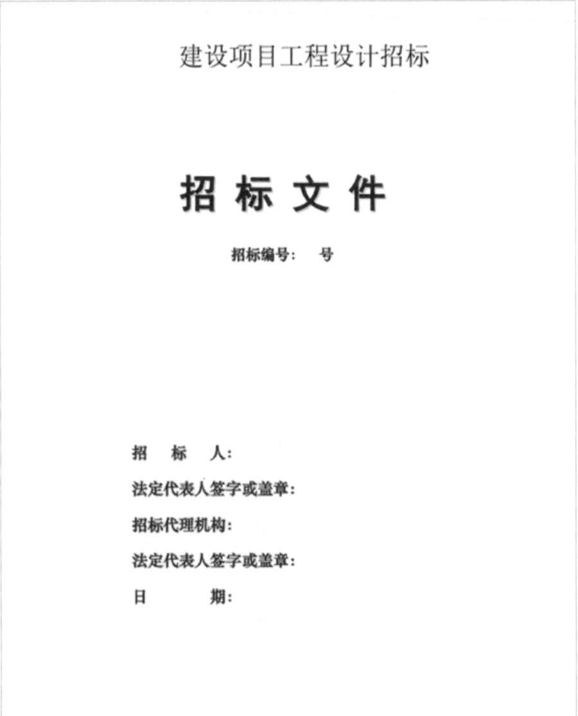

建设项目工程设计招标

招 标 文 件

招标编号：　号

招　标　人：

法定代表人签字或盖章：

招标代理机构：

法定代表人签字或盖章：

日　　　期：

图 10-18　招标文件模板

总价合同（需求确定、范围明确、风险卖方承担）	固定总价	最常用，买方喜欢，除非工作范围发生变更，否则不允许改变
	总价加激励费用	有上限、下限，超过上限，卖方承担；低于下限，给予奖励
	总价加经济价格调整	履约时间长或不同货币支付。通货膨胀或特殊商品成本变化允许可调
成本补偿	成本加固定费用（到底不知道要做什么，渐进明细）	为卖方报销为合同工作发生的一切可列支成本，并支付固定费用
	成本加激励费用（事先定下规则，什么程度对应多少）	报销成本。若最终成本超过或低于原始成本，买卖双方按比例分摊
	成本加奖励费用（奖励看心情，完全由买方主观决定）	报销一切成本，但只有满足了卖方的绩效标准，才会支付费用
工料合同（范围不确定，但是知道要谁做）		无法快速编制出准确的工作说明书的情况下扩充人员、聘用专家或寻求外部支持

图 10-19　3 种合同的内容

10.2.2　实施采购

在实施采购的过程中，项目人员主要做的是得到卖方的应答、选择卖方并签订合同。实施采购的过程主要是为了选定合格的卖方并签署关于货物或服务交付的法律协议，因此最后的成果是签订的协议，包括正式的合同。另外，还可能会有其他的成果，如任务意向书、框架协议等。图 10-20 所示为实施采购过程的输入、工具与技术、输出情况。

图 10-20　实施采购过程的输入、工具与技术、输出情况

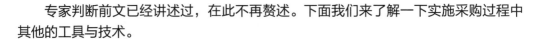

专家判断前文已经讲述过，在此不再赘述。下面我们来了解一下实施采购过程中其他的工具与技术。

1. 广告

广告是企业与用户或潜在用户针对企业的产品、服务或成果进行沟通的方式，如大部分的政府机构都会公开发布采购广告。一般来说，企业在报纸、杂志等出版物上刊登广告往往能够吸引更多卖方的关注，从而增加潜在卖方的数量。

2. 投标人会议

投标人会议也可以称为承包商会议、供应商会议或投标前会议，其是指企业在卖方未提交建议书时，与潜在的卖方召开的会议，主要是为了保证潜在的卖方能够了解企业的采购要求，并确保没有投标人会获得优待。

3. 数据分析（建议书评价）

建议书评价主要是评估建议书，了解他们是否有对招标文件包中的招标文件、采购工作说明书等文件作出充分的响应。评估建议书一般会使用一些工具，如加权打分、筛选系统、独立估算，其具体内容如下。

- 加权打分。加权打分主要是通过对卖方的投标进行打分，然后再将分数加权汇总，从而得出各卖方的排名。
- 筛选系统。筛选系统主要是通过设置标准，且标准会不断提高，从而淘汰一些不符合的卖方。
- 独立估算。独立估算主要是将卖方的价格和买方编制好的独立估算进行比较，从而选出合格的卖方。

专家提醒

加权评分是一种综合考虑了成本因素和非成本因素的评价方法，其最大的优点便是简单易算，但是加权评分还有3个明显的缺点，分别是不能动态地反映企业发展的变动状况、忽视了权数作用的区间规定性、没有区分指标的不同性质导致计算出的综合指数不科学。

4. 人际关系与团队技能（谈判）

谈判是在合同签署之前，主要是为了促成双方的协议，明确双方的责任和义务，进而签署买卖双方都能执行的合同文件。在采购谈判的过程中，项目经理和管理团队中的相关人员都可以参与并提供一定的协助。

根据上面对实施采购过程中的工具与技术的描述，实施采购的流程也就不难理解了，如图10-21所示。

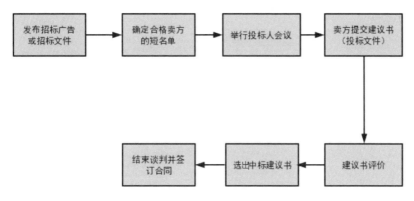

图 10-21　实施采购的流程

10.2.3　控制采购

控制采购主要是确保双方都会履行法律协议,从而保障采购活动能够顺利进行。控制采购主要的参与方是项目经理、项目管理团队、相关的职能部门等。图 10-22 所示为控制采购的输入、工具与技术、输出情况。

图 10-22　控制采购的输入、工具与技术、输出情况

在控制采购的过程中有三大要点,分别是检查、审计和绩效审查,如图 10-23 所示。

另外,在控制采购的工具与技术中有三大系统,分别是支付系统、记录管理系统(文本管理工具)、合同变更控制系统。这三大系统能够很好地帮助管理人员控制采购活动,从而保障采购活动能够顺利进行。图 10-24 所示为控制采购工具与技术中的三大系统具体情况。在图中,分别对这三大系统作了解释说明,从而帮助读者能够更好地理解其含义。

要点	内容
检查	检查偏重于所完成的可交付成果对合同的遵守程度
审计	审计偏重于验证卖方的工作过程对合同的遵守程度
绩效审查	关注合同执行情况，依据的是合同条款和买方的采购SOW，形式是开审查会听取卖方汇报数据或执行针对卖方的质量审计。重点是审查卖方在范围、进度、成本、质量方面是不是按照合同进行的，有没有需要变更的地方，如果卖方绩效太差，则需要赶紧中止合同或更换卖方

图 10-23　控制采购的三大要点

工具与技术	解释
支付系统	首先由卖方有权力的成员证明卖方已经按照要求完成了相关工作；然后通过买方的应付账系统（通常如此）向卖方支付。所有的支付都必须严格按照合同条款进行并加以记录
记录管理系统（文本管理工具）	项目经理采用记录管理系统来管理合同、采购文件和相关记录
合同变更控制系统	规定了修改合同的流程，包括文书工作、跟踪系统、争议解决程序，以及变更所需的审批层次。合同变更控制系统应当与整体变更控制系统整合起来

图 10-24　控制采购工具与技术中的三大系统具体情况

值得注意的是，在控制采购过程中可能会出现索赔的情况。索赔是指当买方和卖方就是否发生变更或变更的补偿产生分歧时，所形成的有争议的变更。对这种有争议变更的管理就是索赔管理。一般来说，管理索赔的步骤主要有以下三步。

- 第一步是谈判，这是解决所有索赔的首选办法。
- 第二步，如果双方谈判不能解决的话，采用调解或仲裁的方法去处理。
- 第三步，前两者都无法解决，就会引发诉讼。

10.2.4　结束采购

顾名思义，结束采购是指结束本次的项目采购活动。在这一过程中，相关人员需要做好合同结算收尾及归档工作，处理合同中的未尽事宜并总结本次采购活动的经验教训。图 10-25 所示为结束采购的输入、工具与技术、输出情况。

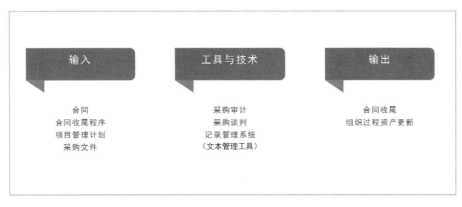

图 10-25　结束采购的输入、工具与技术、输出情况

10.3　安全高效：采购管理工具

在采购管理的过程中也是需要相关的工具的，这些工具可以帮助项目管理人员更高效、更精准地进行采购管理。本节我们来了解一下这些采购管理工具的基本情况。

10.3.1　SWOT 分析模型

优势、劣势、机会、威胁（strengths、weaknesses、opportunities、threats，SWOT）分析模型，又称为态势分析法，是用来确定企业本身的竞争优势、劣势、机会和威胁，从而将公司的战略与公司内部资源、外部环境有机结合，如图 10-26 所示。

图 10-26　SWOT 分析模型

下面我们来了解一下 SWOT 分析模型的基本情况。

1. SWOT 分析模型分类

SWOT 分析模型有 4 种组合类型，分别是优势—机会（SO）组合、劣势—机会（WO）组合、优势—威胁（ST）组合和劣势—威胁（WT）组合，具体内容如下。

1）优势—机会（SO）组合

如果企业有着特定方面的优势，且有着发挥这种优势的优越的外部环境时，就可以使用这种组合。这种组合模式是一种综合利用外部环境与内部优势的组合模式。

例如，一个企业有着市场份额提高的内部优势，再加上供应商规模扩大、竞争企业有着财务危机等优越的外部环境，就可以帮助企业扩大市场份额，扩大企业的生产规模，甚至是收购竞争对手。

2）劣势—机会（WO）组合

劣势—机会组合方式主要是通过利用外部的机会来弥补企业内部的不足，使企业的劣势转变为优势。如果有外部机会，但是企业无法利用外部机会，就需要相关人员采取一定的措施来解决这些问题。

例如，当一个企业面临原材料供应不足、生产能力弱等问题时，从成本的角度上来说，这个问题将会导致项目进度延期、成本上升等问题。倘若加班加点，则会导致增加附加费用的情况。

因此，在这种情况下，在产品的市场前景好的基础上，企业可以利用一些外部机会，如竞争对手出现财务危机、新技术设备减价等，来保证原材料的供应。此外，企业还可以通过购置生产线的方式来解决自身生产能力弱的问题。克服了这些弱点之后，企业可以进一步利用外部的机会，降低项目的成本，扩大竞争的优势。

3）优势—威胁（ST）组合

优势—威胁组合模式是通过利用自身的优势来应对外部的威胁。外部的威胁主要有相关材料的供应紧张导致价格上涨、消费者的需求问题、高额的环保成本等，这些都会影响企业以及项目的成本，使企业在市场竞争中处于不利地位，影响项目的进展。

但是，如果企业有自身优势，就可以很好地应对这些外部的威胁。如企业资金充足、有大量的技术人才以及较强的产品开发能力等，这些优势可以使企业自主开发新技术，进而降低成本，提高企业的竞争优势。

值得注意的是，除了开发新技术，开发新产品、新材料、新工艺等都能够很好地降低企业和项目的成本，而且这些措施也是最有潜力的降低成本的措施，因此能够应对外部的威胁。

4）劣势—威胁（WT）组合

劣势—威胁组合方式既要减少企业内部的弱点，还要解决好外部的威胁。值得注意的是，这种组合方式其实是一种防御性的技术。其实，此时的企业呈现内忧外患的状态，项目也难以继续下去，企业面临着生存危机，只有降低成本才能更好地解决这种状态。

另外，当企业在成本方面不能有很大作为的时候，就需要企业采取一些战略来回避弱点。

2. 分析方法

当对项目采购管理进行适应性分析时，相关人员在确定好各种变量的情况下，可以通过杠杆效应、抑制性、脆弱性和问题性 4 个基本概念进行分析。

值得注意的是，其中的杠杆效应是发生在内部优势与外部机会一致的时候。一般来说，在这种情况下，企业可以通过内部优势来利用外部机会，使二者充分结合发挥作用。但是，机会稍纵即逝，因此企业要及时抓住并把握机会。图 10-27 所示为使用杠杆效应分析的 SWOT 模型。

内部分析 \ 外部分析	优势(S) 列出优势	劣势(W) 列出劣势
机会(O) 列出机会	SO战略 发挥优势 利用机会	WO战略 克服劣势 利用机会
威胁(T) 列出威胁	ST战略 利用优势 回避威胁	WT战略 减少劣势 回避威胁

图 10-27　使用杠杆效应分析的 SWOT 模型

10.3.2　SCOR 模型

20 世纪末，美国的两家公司为了帮助企业更好地实施有效的供应链，实现从基于职能管理到基于流程管理的转变，牵头成立了供应链协会（supply-chain council，SCC），并于当年年底发布了供应链运作参考模型（supply-chain operations reference-model，SCOR）。

SCOR 模型是由国际供应链协会开发支持，适用于不同工业领域的供应链运作参考模型，如图 10-28 所示。

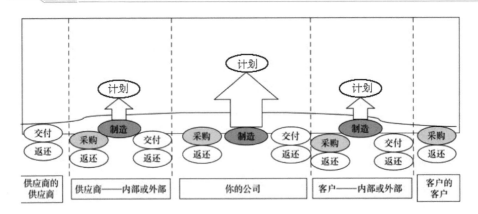

图 10-28　SCOR 模型

根据流程定义，SCOR 模型可以分为 3 个层次，分别是绩效衡量指标、配置层、流程元素层。这 3 个层次可以分析企业供应链的运作，并且在这 3 个层次下面还会有更详细的层次。值得注意的是，在 SCOR 模型中，第一层描述了 5 个基本流程，即计划（plan）、采购（source）、生产（make）、发运（deliver）和退货（return）。

10.3.3　ADL 矩阵

在 20 世纪 70 年代，著名的咨询管理公司阿瑟·D. 利特尔公司（ADL）提出了 ADL 矩阵。该矩阵的内容主要包括两个方面，一个是产业生命周期，另一个是企业竞争地位。图 10-29 所示为 ADL 矩阵。

产业生命周期＼企业竞争地位	萌芽阶段	增长阶段	成熟阶段	衰退阶段
统治地位		自由发展		
强势地位			有选择发展	
有利地位				
维持地位			紧缩	
软弱地位				退出

图 10-29　ADL 矩阵

从图 10-29 中可以看出，ADL 矩阵将产业生命周期分为 4 个阶段，分别是萌芽阶段、增长阶段、成熟阶段和衰退阶段。不同的阶段有着不同的特点。在萌芽阶段，产业有着市场增长率较高、进入障碍低等特点。当位于增长阶段时，这个阶段的产业有着高速增长、进入障碍提升等特征。而在成熟阶段，产业有着稳定增长、进入障碍高等特点。但到了衰退阶段，产业的特点则为竞争数目减少、产品需求降低等。

在企业竞争地位上，ADL 矩阵将其以由强到弱的顺序分为了统治地位、强势地位、有利地位、维持地位、软弱地位，具体内容如下。

- 统治地位。统治地位的企业控制力较强，能够控制竞争者的行为，并且这些企业在制定战略时也不会受到竞争的影响。
- 强势地位。处于强势地位的企业能够遵循自己所选择的战略，而不必过多关注竞争对手的行为。
- 有利地位。处于有利地位的企业虽然没有处于统治地位的企业控制力强，也不处于主导地位，但是这些企业还是有良好的竞争地位，且拥有了各自的竞争优势。
- 维持地位。处于维持地位的企业一般都有比较好的业绩，能够与主要的竞争对手进行较量。
- 软弱地位。处于软弱地位的企业竞争能力较弱，竞争优势也较小，很难长久地与竞争者抗衡。

10.3.4 杠杆分析

固定性成本费用会影响收入的变化，进而影响利润的变化，因此便产生了杠杆。值得注意的是，固定性成本费用可分为两类，一类是与经营活动相关的固定性费用，另一类是与财务活动相关的固定性费用。前者形成了经营杠杆，后者形成了财务杠杆，下面我们来了解一下这两类杠杆。

1. 经营杠杆

经营杠杆是由于存在固定性经营成本，销售收入的较小变动会引起税前利润变动较大的现象。经营杠杆有两种公式，其中，EBIT 是指息税前利润，其内容如图 10-30 所示。

种类	公式	用途
定义公式	DOL=EBIT 的变化百分比/销售收入变化百分比	用于预测
简化公式	$DOL=\dfrac{基期边际贡献}{基期息税前利润}=\dfrac{M}{EBIT}=\dfrac{M}{M-F}=\dfrac{EBIT+F}{EBIT}$	用于计算

图 10-30　经营杠杆的公式

值得注意的是，边际贡献可以分为两种，一种是狭义的边际贡献，另一种是广义的边际贡献。狭义的边际贡献也可以称为"制造边际贡献"，其公式为：制造边际贡献＝收入－产品变动成本。

广义的边际贡献也可以称为"产品边际贡献"，其公式为：产品边际贡献＝制造边际贡献－变动的销售和管理费用。一般情况下，边际贡献是指广义的边际贡献。

2. 财务杠杆

在债务融资的过程中会产生固定利息费用，而这些费用会引起息税前利润的变动，进而引起每股收益产生更大幅度的变动，而这些现象就是财务杠杆。财务杠杆也有两类公式，如图10-31所示。

种类	公式	用途
定义公式	$DFL = \dfrac{\Delta EPS/EPS}{\Delta EBIT/EBIT}$	用于预测
简化公式	计算公式：$DFL = \dfrac{EBIT}{EBIT - I - PD/(1-T)}$ 或：$DFL = \dfrac{Q(P-V) - F}{Q(P-V) - F - I - PD/(1-T)}$	用于计算

图 10-31 财务杠杆的公式

3. 总杠杆

总杠杆由经营杠杆和财务杠杆相乘而得出。因此，收入对每股收益都是有影响的。总杠杆是两个放大器一起发生作用，从收入端最终传导至每股收益。

综上所述，如果用杠杆来评价企业的风险，一定要结合收入的变动、业务的变动，光看杠杆大小是没有意义的，杠杆只是将这种变动放大。

10.3.5　SMART原则

SMART原则是在第二次世界大战后，由彼得·德鲁克在《管理的实践》一书中提出的。其主要包括五大原则，如图10-32所示。

- S 代表明确性（Specific），是指绩效考核的指标要具体，不能模糊、笼统。
- M 代表可衡量性（Measurable），是指绩效考核指标是可量化的，同时也能够获取相应的数据进行验证。
- A 代表可实现性（Attainable），是指绩效考核的指标是能够实现的，不能在无法达成的范围设置标准。
- R 代表相关性（Relevant），是指绩效指标必须与项目中的工作是相关的，不能设置一些与工作内容无关的指标。
- T 代表时限性（Time-bound），是指绩效考核指标必须要设置完成时间。

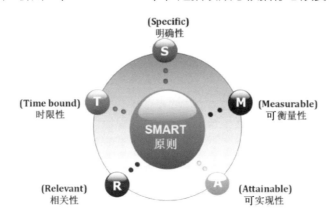

图 10-32　SMART 五大原则

SMART 原则的提出一方面提高了项目工作人员的积极性，另一方面也为管理者考核员工提供了考核的目标和标准，使得项目中的考核更加规范，并保证了绩效考核的公平、公正、公开。

值得注意的是，SMART 原则所对应的单词在不同场合并不一致，而是有各种变体，如表 10-1 所示。

表 10-1　SMATR 原则的相关变体

字母	典型对应	更多对应
S	Specific（明确性）	Significant（重要），Stretching（延伸），Simple（简易）
M	Measurable（可衡量性）	Meaningful（有意义），Motivational（激励），Manageable（可管理）
A	Attainable（可实现性）	Appropriate（适宜），Achievable（可达成），Agreed（同意），Assignable（可分配），Actionable（可行动），Action-oriented（行动导向），Ambitious（雄心）
R	Relevant（相关性）	Realistic（实际），Results/Results-focused/Results-oriented，Resourced（资源），Rewarding（奖励）

续表

字母	典型对应	更多对应
T	Time-bound（时限性）	Time-oriented（时限），Time framed（时限），Timed（时限），Time-based（基于时间），Time boxed（时限），Timely（及时），Time-Specific（明确时间），Timetabled（时效），Time limited（时限），Trackable（可跟踪），Tangible（明白），Testable（可测试的）

第 11 章

人力资源管理：
打造一个高效团队

人力资源是一个企业最重要的资产，也是一个项目重要的组成部分。人力供给不足和人力结构不良都会制约项目的发展。组建一个高效的项目团队有利于项目的顺利实施。本章我们来了解一下项目人力资源管理的具体内容。

11.1　团队打造：项目人力资源管理

一个项目会拥有很多资源，但是在项目拥有的所有资源中，人力资源是最重要的，也是最根本的资源，其他资源都要通过人力资源来发挥作用。本节我们先来了解一下人力资源的相关情况。

11.1.1　人力资源的含义

人力资源是指在一个国家或地区之中，处于劳动年龄阶段、未到或超过劳动年龄，但是有劳动能力的人口的总和。简单来说，人力资源是指一个国家或地区除去没有劳动能力的总人口。

此外，人力资源还指在一定的时期内，组织中的人所拥有的能够被企业所用，且对价值创造有着贡献作用的教育、能力、技能、经验等的总称。从狭义上来说，其还指企事业单位独立的经营团体所需人员具备的能力（资源）。

11.1.2　人力资源的发展史

"人力资源"一词来源于 20 世纪，经过了多年的发展，其含义也在不断变化，主要经历了以下 4 个阶段。

约翰·R. 康芒斯在 1919 年的《产业荣誉》和 1921 年的《产业政府》两本著作中都使用了"人力资源"一词，但是其含义与我们现在所理解的含义是不一样的，而且相差很远。

1954 年管理大师彼得·德鲁克出版了《管理实践》一书。在这本书中，彼得·德鲁克首次提出并明确界定了 20 世纪初人们所理解的人力资源的含义。彼得·德鲁克认为，人力资源拥有当前其他资源所没有的素质，即"协调能力、融合能力、判断力和想象力"。此外，彼得·德鲁克还认为，人力资源是一种特殊的资源。要想开发这种资源，需要经过有效的激励机制，这样人力资源才能给企业带来实际的经济价值。

美国的两位经济学家 W·舒尔茨和加里·贝克尔在 20 世纪 60 年代以后提出了现代人力资本理论。该理论进一步阐释了人力资本，即人力资本体现在有着劳动能力的人身上，是以劳动者数量和质量所表示的资本。

此外，英国的经济学家哈比森在《国民财富的人力资源》中写道："人力资源是国民财富的最终基础。资本和自然资源是被动的生产要素，人是积累资本，开发自然资源，建立社会、经济和政治并推动国家向前发展的主动力量。显而易见，一个国家如果不能发展人们的知识和技能，就不能发展任何新的东西。"从此，人们对于人力资源的研究越来越多，而且对于人力资源的含义也提出了越来越多的解释。

11.1.3 人力资源的六大特征

人力资源作为一种特殊资源，具有六大特征，即能动性、两重性、时效性、社会性、连续性、再生性，具体内容如下。

1. 能动性

人具有主观能动性，主要体现在以下3个方面。
- 人类认识世界的能力和活动。
- 人类改造世界的能力和活动。
- 人类在认识世界和改造世界活动中所具备的精神状态。

2. 两重性

与其他资源不同，人力资源是人类自身所有，存在于人体中的活的资源。人力资源有着两重性，即人既是生产者，也是消费者。此外，由于人力资源中有着丰富的知识内容，因此其有着巨大的潜力，也有着其他资源都无法比拟的高增值性。

3. 时效性

一般的资源，如矿产资源，可以长期储存起来，需要时再开采，品质也不会有所下降。而人力资源如果储而不用，则会退化。此外，由于不同的工作性质，人的才能也会发挥不同的效果，才能发挥的最佳期也不同。

一般来说，25岁到45岁是科技人才的黄金时期，而37岁是才能发挥的峰值。所以说，人力资源具有时效性。在组建项目团队时，项目经理通常都会根据人力资源的时效性，获得最有利于职业要求的年龄阶段的人才。

4. 社会性

人力资源还具有社会性的特征。社会性是指人力资源位于一定的社会和时代中，不同的社会形态和文化背景都会影响并反映在人的价值观念、行为方式和思维方法上。此外，人力资源的这一特征也要求，人力资源在开发的过程中要注意社会政治制度、国别政策、法律法规和文化环境的影响。

5. 连续性

人力资源的开发具有连续性，即人力资源是不断开发的。而且，使用人力资源的过程是开发的过程，同时培训、积累等过程也属于开发的过程。

6. 再生性

人力资源具有再生性,属于可再生能源,能够通过个体的不断更替和劳动力的"消耗—生产—再消耗—再生产"来实现。此外,人力资源的再生性会受生物规律和人类自身的意识和意志等的影响。

11.1.4 人力资源的八大特性

人力资源除了有六大特征以外,还具有八大特性。所谓特性,是指其他资源所不具备的特殊性能。人力资源的八大特性具体内容如下。

1. 不可剥夺性

人力资源是不可剥夺的,其与人的生命力是密不可分的,与人的尊严和权益相互联系,具体表现在以下几个方面。

- 人力资源不能骗取,不能被压榨,也不能被夺取。
- 使用不科学的办法去获得人力资源都会造成人力资源的浪费。
- 使用一切不正当的手段去获取人力资源都会造成对人力资源的破坏。
- 要想发挥人力资源,就必须要尊重、支持、满足人的需求。

2. 生物性

在自然界中,人是最复杂、最高级的存在,是一种高级动物。人的生物性主要体现在两个方面,一方面是双向交流性,包括新陈代谢性和遗传基因性等;另一方面是单向的抵抗运动。

3. 社会性

人是社会的重要组成部分,也是社会发展的主体。人力资源的社会性主要表现有信仰性、传统性、人群性、时代性、地域性、国别性、民族性、职业性、层级性、文化性。

4. 时效性

人的年龄与人力资源的培训、运用是有关系的,不同年龄阶段对人力资源的利用是不一样的。如在青少年时期,主要是培养教育资源的增存,而在青年、中年阶段,则主要是运用和发挥人力资源。

5. 资本积累性

人力资源是靠不断投资而形成的,是最现实的生产力,也是一种活的积累资本。值得注意的是,人力资源是投资长期积累的结果。而其结果体现在 3 个方面,即对人力资源的投资和资本积累是伴随着人的一生的,人们可以反复利用这种资源,滚动式的资源利用形式能够创造无限增值。

6. 激发性

通过给予一定的刺激，人可能会自强、激奋，甚至会付出一切，这主要是因为激发来源于人的满足需求心理。值得注意的是，人力资源可以采用多种方式来激发，如教育启动、信息推动等。

7. 能动性

人有着主观能动性，而能动性则是人的自然价值追求性的反应，也是自我意识内力推动的结果。值得注意的是，能动性有着两种表现，分别是正向能动和负向能动。而在使用人力资源时要充分发挥其正向能动，减少负向能动。

8. 载体性

人的大脑相当于智力、知识、技术等资源信息的软盘，因此人力资源具有载体性，而且这些资源信息是通过人进行交流和传输的。另外，人力资源的载体性还取决于3个方面，分别是有能力承载、承载的资源信息是有用的、有能力输出承载源头。

11.1.5 项目人力资源管理

项目人力资源管理是指在项目中管理人力资源的一种方式和能力。一直以来，人们都认为一个人成功的三大要素是天时、地利、人和。与天时、地利相比，人和是一种主观因素，是可控的，因此人和是非常重要的一个要素。

在项目管理中，"人"这一因素也非常重要，因为项目是由人来执行并完成的。因此，项目人力资源管理的主要内容便是怎样充分发挥"人"的作用。下面我们来了解一下项目人力资源管理的特点和内容。

1. 特点

项目人力资源管理主要有两大特点，其具体内容如下。

1）强调团队建设

项目不是由一个人完成的，而是由许多人共同合作完成，即以团队的方式来完成。因此，建立一个士气高昂、团结友爱的团队是项目人力资源管理过程中的一项重要任务。在人员招聘、培训、考核等方面都要充分考虑团队建设的要求。

2）具有更强的灵活性

由于项目具有灵活性，项目组织也是一个临时性的组织，在项目开始时组建项目团队，在结束后便会解散团队。此外，在项目人力资源管理过程中，各个阶段的任务可能会存在变化，人员也会有所变动。

2. 内容

项目人力资源管理就是对项目中人员的管理，主要内容包括组织规划、人员配备、团队成员的开发。

1）组织规划

组织规划是指根据项目的目标以及工作内容的要求，确定项目组织中的角色、权限和职责。

2）人员配备

人员配备是指在项目计划的要求下，为项目整个过程中的每个阶段、每个部门都配备合适的人员。此外，在人员不足的情况下，还需要通过招聘等方式来获得项目所需要的人力资源，从而组建一个高效的项目团队。

3）团队成员的开发

对团队成员进行开发是为了充分发挥项目团队成员个人或集体的创造性和潜力，从而提高项目团队的整体工作绩效。开发团队成员的主要方式有考核、培训、绩效、激励等。

11.1.6 项目组织

项目组织是指多个人为了完成某一个具体的项目目标而组建出来的一个团体，主要包括职能式、项目式、矩阵式和事业部式。图 11-1 所示为项目式项目组织。该组织由一个执行主管带领，项目主管分管其他部门。

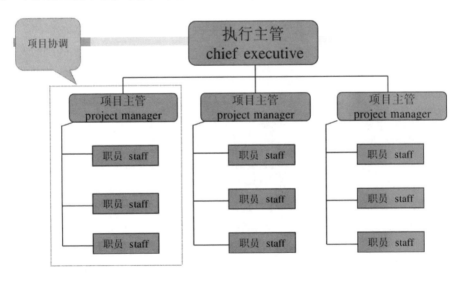

图 11-1 项目式项目组织

不同的项目组织形式对项目也有着不同的影响，项目相关人员投入项目的时间、项目经理的权限等也是不同的，如表11-1所示。

表11-1 不同项目组织形式的对比

组织形式	职能式	项目式	矩阵式	事业部式
项目经理的权限	很少或没有	很高甚至全权	从中等到大	大
全职人员	几乎没有	85%～100%	50%～95%	100%
项目经理投入项目的时间	一半时间	全部时间	全部时间	全部时间
项目经理常用头衔	项目经理/项目协调员	项目经理/计划经理	项目经理/计划经理	事业部经理
行政人员投入项目的时间	少量时间	全部时间	部分时间	全部时间

值得注意的是，在项目组织中，项目经理的作用非常重要，其决定着整个项目的发展情况，如图11-2所示，不管是高级管理层还是客户，最先对接的都是项目经理。

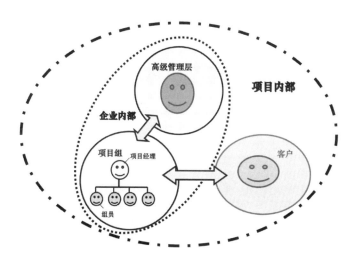

图11-2 项目经理的作用

因此，项目管理中对项目经理的能力要求是非常高的。项目经理最好拥有项目管理专业技能、领导力以及战略与商业管理能力，这样才能更好地带领项目团队顺利完成项目，如图11-3所示。

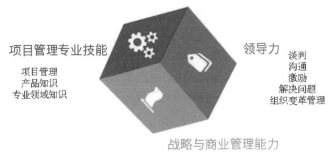

图 11-3 项目经理的能力要求

11.2 全面分析：人力资源管理过程

在项目实施的过程中，所有的活动都是由人来完成的。因此在项目中，选择什么类型的人，如何去培养人，如何充分发挥每个人的技能、作用，以及如何组建一个高效的项目团队，都对项目的成败起着重要的作用。本节我们来了解一下如何管理项目人力资源。

11.2.1 编制项目人力资源管理计划

在进行项目人力资源管理时，最开始要做的是编制管理计划。在编制项目人力资源管理计划过程中需要确定项目的角色、职能和汇报关系，并将任务、职责以及汇报关系分配到每个人或者一个团体。值得注意的是，这个人或团体既可能是项目组织内部的，也可能是项目组织外部的。

编制项目人力资源管理计划一般是在项目的开始阶段，但是其结果需要在项目整个过程中进行经常性的复查。只有不断进行复查，才能够保障计划的持续适用性。

此外，编制项目人力资源管理计划与编制项目沟通计划相关，两个计划的编制过程紧密联系。在编制项目人力资源管理计划过程时，不仅要考虑人力资源相关的问题，还要注意到与项目成本、质量等其他因素的相互影响，也要注意别的项目对同类人员的争取，因此在编制项目人力资源管理计划时一定要有备用人员。

图 11-4 所示为编制项目人力资源管理计划的输入、工具与技术、输出情况。从图中可以看出，编制项目人力资源管理计划的工具与技术主要包括组织结构图和职位描述人际交往、组织理论、专家判断和会议。

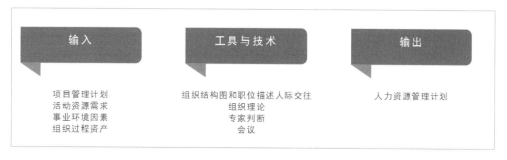

图 11-4　编制项目人力资源管理计划的输入、工具与技术、输出情况

下面我们介绍编制项目人力资源管理计划的原则和方法、任务、计划内容以及结果。

1. 原则和方法

在编制项目人力资源管理计划时,要遵循一定的原则和方法。下面我们来了解一下项目人力资源管理计划的编制原则和方法,帮助项目人力资源管理人员更快、更好地编制计划。

1)原则

项目人力资源管理计划的编制有三大原则,分别是灵活性原则、整体性原则和双赢原则。

2)方法

项目人力资源管理相关工作人员在编制计划时,可以采用运筹学法、滚动计划法等方法。

运筹学是管理科学中最重要的部分,通过运筹学编制计划可以帮助项目经理在给定的目标和条件中选择最优方案,其主要步骤包括系统分析问题描述、模型建立与修改、模型求解与检验、结果分析与实施,具体的步骤如图 11-5 所示。

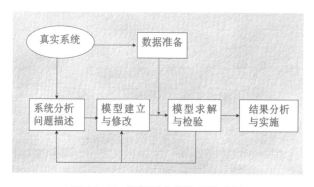

图 11-5　运筹学分析的具体步骤

滚动计划法主要是根据计划的执行情况,然后适当地调整、修改未来的计划并逐渐向前滚动，把近期、远期的计划结合起来。图 11-6 所示为五年期滚动计划示例。

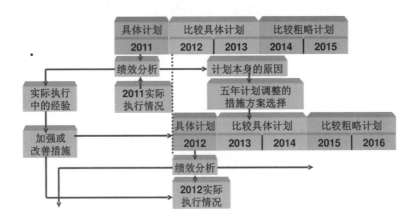

图 11-6　五年期滚动计划示例

2．任务

在编制项目人力资源管理计划时，需要完成几项任务，分别是角色和职责的分配、人员配备管理计划和组织机构图。

1）角色和职责的分配

在编制项目人力资源管理计划的时候，一定要明确好角色和职责的分配。如果这项内容不明确，就会造成有些工作无人负责，最终会影响项目的进度。因此，为了保障项目的顺利进行，就一定要将每项工作都具体分配到个人（团队），明确个人（团队）在这项工作的职责，还要在每项工作中安排一个且是唯一一个负责人。

值得注意的是，项目中每个人的角色和职责可能会随着时间的变化而变化，在结果中也要明确这层关系。而明确关系最常用的方式是职责分配矩阵。一般在大型项目中，项目相关人员可以在不同层次上编制职责分配矩阵。

2）人员配备管理计划

人员配备管理计划主要是要明确项目组在什么时候需要什么样的工作人员。一般为了能够清晰地展示这方面的内容，工作人员通常会使用资源直方图。在项目的整个生命周期中，对工作人员的需求可能不是很连续或平衡，这就会造成人力资源的浪费和成本的提高。

为了防止这种情况的发生，通常会采用将工作次序调整的办法，来达到人员需求的平衡。这样的方式有利于降低项目的成本以及人员的闲置时间。

3）组织机构图

在编制项目人力资源管理计划时，需要明确工作汇报关系，而组织机构图就是用来描述团队成员之间的工作汇报关系的，因此编制组织机构图是很有必要的。

3. 计划内容

项目人力资源管理人员编制的人力资源管理计划主要包括 3 个方面，即人员配备计划、人员招聘计划、培训计划，其具体内容如下。

1）人员配备计划

人员配备计划是人力资源计划中的一项具体的业务计划，其主要是根据人力资源总体规划的要求，制定出项目在整个实施的过程中人力资源配备的规划和安排。其内容包括两个方面，即工作分析和选配人员。

- 工作分析是制订人员配备计划的首要工作，只有确定好项目中的角色、任务、职责等内容，才能在合适的岗位选配合适的人员。
- 选配人员是在工作分析之后。工作分析确定了项目每个阶段、部门所需要的人员的数量和质量，而选配人员则是根据工作分析后的结果以及相应的要求，对每个岗位所需人员的获得和配备作具体安排。

人员配备计划在编写时，要遵循目标性原则、人尽其才原则、专业化原则和灵活性原则。另外，相关工作人员在制订人员配备计划时，可以采用责任矩阵和人力资源需求曲线。

- 责任矩阵能够帮助项目经理将每项工作都落实到项目有关部门或个人，也能让项目经理了解到项目有关部门或个人在项目组织中的关系、责任和地位。图 11-7 所示为责任矩阵示例。从图中可以看出，项目中的每项工作是由谁负责、审批、辅助、承包以及通知的。

组织责任者	项目经理	土建总工	机电总工	总会计师	工程管理部	财务部	合同造价部	材料供应部	设计院	咨询专家局	电力部	水电公司	技术公司	某施工公司
设计	●	●	●	●					▲	●	□	○	□	□
招投标	●	●	●		●	▲			●		○	□	□	□
施工准备	▲	●	□		□				○	□	●	□		△
采购	○	□	●		□	□	▲	●	●					
施工	○	▲	●						●					▲
项目管理	▲	●	●						●					□

表中各符号含义：▲负责 □通知 ●辅助 △承包 ○审批

图 11-7 责任矩阵示例

- 人力资源需求曲线以时间为横轴，人员数为纵轴，形象地表示了随着时间的变化人员所产生的变化情况。人力资源需求曲线绘制较为简单，而且容易解读，能够帮助工作人员制订人员配备计划及优化人员配备。图 11-8 所示为人力资源需求曲线。

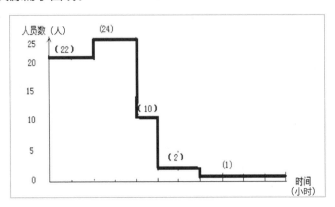

图 11-8　人力资源需求曲线

2）人员招聘计划

人员招聘主要是为了吸引有能力的申请者，人力资源管理者通过对申请者进行甄别，然后选择合适的人员加入项目团队。

3）培训计划

在项目人力资源管理中，培训也是一项重要的工作。通过培训才能保障项目组织中的各个成员都具备能够完成工作所需的知识和能力。编制培训计划主要有 5 个步骤，分别是评估培训需要、确定培训目标、选择恰当的方法和手段、安排时间、确定培训效果评价的方式和时间。

4. 结果

值得注意的是，一个好的项目人力资源管理计划应该达到以下结果。

1）角色的明确性

明确项目过程中每项工作、任务的每个工作人员所担任的角色，这样才能确保每个人都在自己的职位上，从而保障项目的顺利进行。

2）职权的分配

项目中的职权分配是指使用项目资源、作出决策和批准的权利。因此，在编制项目人力资源管理计划时，要明确好职权的分配。只有明确了职权的分配，才能在项目全生命周期中作出正确的决策。值得注意的是，决策主要包括实施方式的选择、质量接受水平等。

3）清晰的项目组织机构图

前文提到，项目组织机构图主要是用来明确项目工作汇报关系的，因此无论是使用什么样的方式，项目组织机构图一定要清晰明了。

4）人员遣散计划

值得注意的是，在编制项目人力资源管理计划的时候，最好制订一个人员遣散计划。人员遣散计划中最好包括遣散的时间和方法。制订人员遣散计划有利于减轻项目过程中和结束时可能会发生的人力资源风险。

11.2.2 组建项目团队

在编制好项目人力资源管理计划之后，就要组建项目团队了。建设一个高效的项目团队，让项目中的每个成员都各司其职，有利于项目的顺利进行。图 11-9 所示为组建项目团队的输入、工具与技术、输出情况。

图 11-9　组建项目团队的输入、工具与技术、输出情况

从图 11-9 中可以看出，组建一个项目团队的工具与技术主要有预分派、谈判、招募、虚拟团队、标准决策分析。

传统团队与虚拟团队不同，虚拟团队的人员所在地域比较分散，还可能跨组织，一般都是借助通信工具交流，如图 11-10 所示。

图 11-10　传统团队与虚拟团队的区别

组建虚拟团队的方式在现在的项目组织中普遍存在。但是这种方式存在一定的缺点，如团队成员之间容易产生误解、有孤立感等。因此，在项目组织中如果存在虚拟团队，项目管理者一定要注重团队中沟通计划的制订，预防并及时处理可能会发生的冲突。

图 11-11 所示为组建项目团队的步骤。项目管理人员可以采用以下步骤来组建一个高效的项目团队。

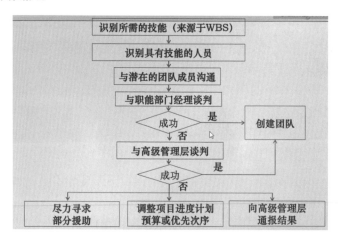

图 11-11　组建项目团队的步骤

11.2.3　建设项目团队

组建好项目团队后，还需要建设项目团队。如果光组建却不建设项目团队，就会影响项目目标的实现。图 11-12 所示为建设项目团队的输入、工具与技术、输出情况。

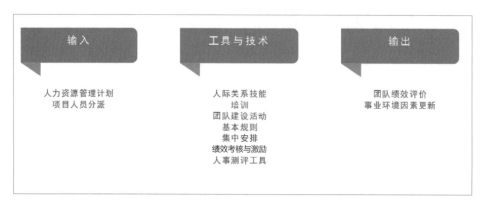

图 11-12　建设项目团队的输入、工具与技术、输出情况

项目团队是为了实现同一项目目标而形成的组织。任何项目要想获得成功，最重要的是要有一个高效的项目团队。而要成为一个高效的项目团队，则需要项目管理者去建设团队。

建设团队涉及很多方面，如项目团队的能力、项目团队的士气和项目团队成员的奉献精神等。下面我们来了解一下建设项目团队所需的工具与技术、建设目标和组建阶段。

1. 工具与技术

项目负责人在进行项目团队建设时通常会使用一些工具与技术，如团队建设活动、绩效考核与激励、集中安排、培训等。下面我们介绍这些工具与技术的具体内容。

1）团队建设活动

团队建设活动主要是为了提高团队成员的配合度、运作水平、工作能力等。具体的措施主要有以下几种。

- 让一些非管理层的团队成员参与计划编制过程，或建立发现以及处理冲突的基本准则。
- 尽快明确好团队的方向、目标和任务，并且明确每个成员的职责和角色。
- 让团队里的成员积极参与解决项目过程中出现的问题并作出相应的决策。
- 项目负责人可以适当放权，使项目团队中的成员积极进行自我管理和自我激励。
- 多创造项目团队中成员的沟通交流的机会，如团建、聚会等。

2）绩效考核与激励

绩效考核与激励是项目过程中最常用的一种方式。绩效考核主要是对项目团队中成员的工作业绩进行评价，来反映成员的工作能力和对工作职位的适应程度。而激励主要是通过采用一些科学的理论和方法，对成员的需求给予一定的满足或限制，从而激发项目成员的工作积极性以及成员的内在潜能，促进项目的早日完成。

3）集中安排

顾名思义，集中安排主要是将项目团队中的成员集中安排在同一个工作地点，来提高项目团队的运作能力。

前文提到的虚拟团队，采用线上通信手段进行沟通，这种沟通方式往往不利于沟通的有效性，但是沟通在项目中却又是非常重要的。如果将项目团队集中安排在同一地点办公，就能够保障沟通的有效性，促进项目目标的实现。

因此，很多项目团队都采用集中安排的方式。有的项目组织会设立一个"作战室"，项目组织成员可以在其中开展会议、列出项目进度计划和新信息。若有些项目组织实在无法集中安排，则可以安排多次面对面的会议来替代集中安排，以此来促进团队成员之间的交流。

4）培训

培训主要是为了提高项目团队成员的技能。培训既可以是正式的，如教师培训、利用计算机培训等；也可以是非正式的，如其他队伍的反馈。当项目团队成员缺乏某项必要的技能时，这项技能就要作为项目的一部分进行开发，或重新分配项目成员。

2. 建设目标

建设项目团队有一定的目标，其主要包括以下3点。

（1）提高项目团队成员的工作能力、个人技能，保障项目团队成员能够顺利地完成工作，同时降低项目成本，缩短工期，提高绩效。

（2）增强项目团队成员间的信任感和凝聚力，提高成员的士气，减少成员之间的冲突。

（3）鼓励团队成员之间相互培训并分享经验和知识，以创建一个动态的、团结向上的团队文化。

3. 组建阶段

组建一个优秀的团队不是一蹴而就的，这其中需要经历4个阶段，分别是形成阶段、震荡阶段、规范阶段和辉煌阶段，如图11-13所示。

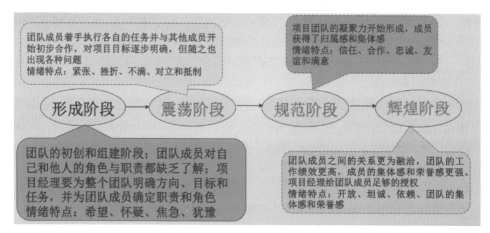

图11-13 组建项目团队的4个阶段

下面我们具体介绍这4个阶段的具体情况。

1）形成阶段

形成阶段主要是将多个独立的个体组建成一个项目团队的成员。这些团队的成员主要是为了实现一个共同的项目目标。这个阶段可以称之为"招兵买马"的阶段。

在项目计划之前，有些项目成员是已经确定下来的，但是有些人员需要通过谈判或者招聘召集。

2）震荡阶段

震荡阶段的成员们开始执行自己手头上分配的工作。成员们通常会遇到一些超出预期的困难，导致成员之间的争执，并会对项目经理的能力产生怀疑。

3）规范阶段

经过震荡阶段后，各成员之间逐渐了解，对自己所负责的工作内容也逐渐熟悉。成员之间的矛盾基本上得到解决，项目经理也得到了团队各成员的认可。

4）辉煌阶段

在这一阶段，各成员之间逐渐产生了默契，对项目经理的信任也逐渐增强。各成员为了共同的目标积极工作，集体荣誉感增强。

11.2.4 管理项目团队

管理项目团队主要是为了提高项目的绩效，主要使用的工具与技术包括观察和交谈、项目绩效评估、冲突管理、人际关系技能。图 11-14 所示为管理项目团队的输入、工具与技术、输出情况。

图 11-14 管理项目团队的输入、工具与技术、输出情况

下面我们介绍管理项目团队时所需的工具与技术。

1. 观察和交谈

观察和交谈主要是为了能够随时了解项目中各成员的工作情况和思想状态。尤其是虚拟团队，更应该注重这方面，积极主动地与各成员交流。

2. 项目绩效评估

制定项目绩效主要是为了澄清角色和责任，以便从团队成员中得到一些有建设性的反馈，发现一些未知和未解决的问题，从而制订相应的培训计划。图 11-15 所示为某项目公司的部分年度绩效考核表。

XX 项目公司年终绩效考核及奖惩办法

一、XX 项目公司年终绩效考核表（考核时段：_____年___月___日—_____年___月___日）

考核项目		考核指标	指标等级
一、工程类（30%）	（一）工作数量（20%）	（1）、目标期内完成开工面积（10%）	A、超额完成预定目标，超出量在10%以上
			B、超额完成预定目标，超出量在10%以内
			C、按时完成预定目标
			D、未能按时完成预定目标，未完成量在10%以内
			E、未能按时完成预定目标，未完成量在10%以上
		（2）、目标期内完成竣工面积（10%）	A、超额完成预定目标，超出量在10%以上
			B、超额完成预定目标，超出量在10%以内
			C、按时完成预定目标
			D、未能按时完成预定目标，未完成量在10%以内
			E、未能按时完成预定目标，未完成量在10%以上
	（二）工作质量（10%）	（3）、单位工程竣工一次验收合格率（4%）	A、达到100%
			B、未能达到100%，在95%~99%
			C、未能达到95%，在95%以下
		（4）、工程优良率（3%）	A、达到100%
			B、达到90%以上，在91%~99%
			C、达到90%
			D、在90%以下
		（5）、合同履约率（3%）	A、达到100%
			B、未能达到100%，在95%~99%

图 11-15　某项目公司的部分年度绩效考核表

3. 冲突管理

在管理项目团队时，冲突是不可避免的。在推进项目的过程中项目经理需要正确认识这些冲突，这样才能更好地解决冲突。图 11-16 所示为各阶段冲突的排列情况。不同的阶段，所形成的冲突也不尽相同。

各阶段冲突的排列情况			
概念阶段	项目优先级冲突	管理过程冲突	进度冲突
计划阶段	项目优先级冲突	进度冲突	管理过程冲突
执行阶段	进度冲突	技术冲突	资源冲突
收尾阶段	进度冲突	资源冲突	个人冲突

图 11-16　各阶段冲突的排列情况

下面我们来了解一下冲突发生的根源条件以及管理的办法。

1）根源条件

在项目执行的过程中，会发生很多冲突，而这些冲突的发生与很多因素都有关系，但是其根源条件主要有 4 个方面，具体内容如下。

- 项目的高压环境。一般来说，项目都有具体的开始时间和结束时间、有限的预算和资源等。这些制约因素导致项目成员都处在一个高压、紧张的环境中，从而产生各种冲突。
- 责任模糊。如果项目中每个人的责任不明确，则会产生推诿扯皮的情况，进而引发较大的冲突。
- 存在多个上级。一个成员如果有多个领导，其就需要与多个领导汇报工作，并执行多个领导的指示。但是，如果领导之间的指示不统一，就会产生冲突。
- 新科技的使用。在项目过程中，会不断出现技术更新的情况，而针对是否采用新技术等问题，也会造成项目成员之间的冲突。

2）管理的办法

有了冲突就要管理解决，下面介绍几种常用的解决方式。

- 问题解决。问题解决主要是通过全面了解冲突出现的相关情况，然后选择一个最合适的方式来解决冲突。在问题解决的过程中，需要大家共同协商。值得注意的是，这种方式是最理想的方式，也是最难实行的一种方式。
- 合作。合作方式主要是通过结合多方的观点和意见，从而得出一个大多数人能够接受的解决方案。
- 妥协。退一步海阔天空，妥协是指通过各方协商，从而找出一个双方都满意但是双方都没有完全满意的方法。妥协即冲突的双方都各退一步。
- 求同存异。求同存异主要是指冲突的双方都重视一致的那一方面，而淡化、忽视不一致的方面。这种方式回避了冲突的根源，只是将问题暂时压下，先将工作完成。其并没有将问题彻底解决，因此在工作完成后，还是要将冲突解决，不然后期还是会再次爆发。

第 12 章

案例分析：
三大基本行业应用

20 世纪 50—80 年代，项目管理主要用于建筑公司或国防建设部门。后来，项目管理才逐渐应用在工业领域。目前，项目管理已经非常普遍了，很多行业都有涉及。本章我们来了解一下项目管理在具体行业中的应用。

12.1 通信行业：IT 项目管理

由于缺乏合格的 IT 项目管理人员，且 IT 项目越来越复杂，IT 项目的发展变得越来越艰难，一些 IT 项目面临着失控的境地，最终失败。但是，导致 IT 项目失败的直接原因是没有进行有效的项目管理。本节我们介绍 IT 项目管理的相关内容，帮助读者了解 IT 项目的基本情况，减少项目失败的风险。

12.1.1 IT 项目

信息技术（internet technology，IT）是在计算机技术基础上建立起来的，主要由 3 部分组成，分别是传感技术、通信技术和计算机技术。目前，IT 与我们日常生活息息相关，手机、教育、医疗等都与 IT 有着千丝万缕的联系。值得注意的是，IT 的主体职业包括软件类、硬件类、网络类、信息系统类、制造类。IT 的基本情况如图 12-1 所示。

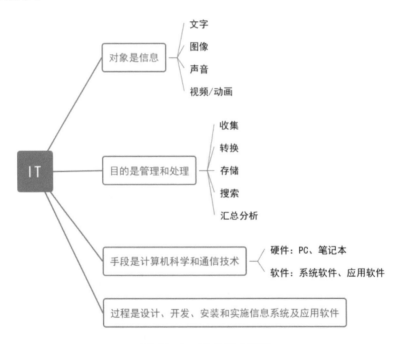

图 12-1 IT 的基本情况

IT 项目是指以 IT 技术为基础展开的项目，主要是为了解决信息需求，包括与解决信息需求有关的软件、硬件及信息系统等项目。

IT项目作为项目中的一种，也有着项目的一般特征，如资源约束、一定目标和一次性任务。IT项目的种类有很多，具体可以分为IT主体项目、IT应用类项目、IT相关项目和IT其他相关职业项目，如表12-1所示。

表12-1 IT项目的种类

类别		IT项目	类别	IT项目
IT主体项目	软件类	开发与研发	控制类	控制系统设计
		维护与升级		单片机应用设计
	硬件类	开发与研发		数据自动采集与分析
		计算机维修工作	开发类	嵌入式系统开发
		安装		网站开发师
	网络类	网络系统设计		游戏程序开发
		网络建设工程		射频识别系统开发
		计算机网络管理维护与升级	设计类	计算机平面设计
	信息系统类	信息系统设计	IT应用类项目	网络编辑员
		信息系统管理、数据库系统管理		商务类计算机网络客户服务
		信息系统安全		网上销售
		信息系统评估	娱乐类	数字视频制作
		信息系统监理		数字音频制作
		信息资源开发与管理		三维动画制作
	制造类	半导体器件研发制造		游戏美术设计
IT相关项目	其他	电子标签操作员	教育类	网络课件制作
IT其他相关职业项目		监控视屏工程	通信类	通信系统设计、GPS、3G通信研发设计
				通信系统建设工程
				通信系统硬件研发
				基站建设工程
				通信系统维护

但是，IT项目也有其特殊性，如智力劳动密集性、时间不准确性、需求多变性等。其核心工作主要包括4个方面，分别是硬件系统环境设计、软件系统方案设计、系统实施与转换、后期维护与系统升级，这4个核心工作还分别包括了其他方面的工作，如图12-2所示。

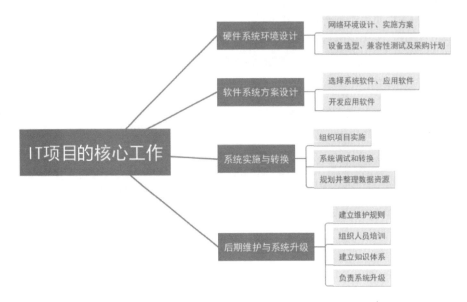

图 12-2　IT 项目的核心工作

12.1.2　IT 项目管理

　　IT 项目管理主要是针对 IT 项目进行管理的方法,其生命周期主要包括 6 个阶段,分别是立项、计划、实施、评估、推广和维护,如图 12-3 所示。

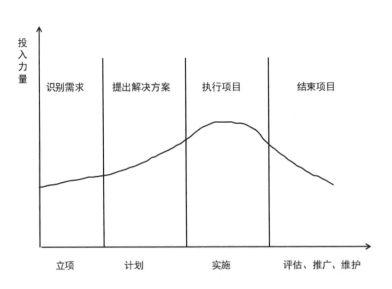

图 12-3　IT 项目的生命周期

图 12-4 所示为 IT 项目管理过程组。从图中可以看出，IT 项目管理过程组主要包括 8 个部分，分别是协商范围（确定范围）、确定任务（计划）、估计任务工期（估算）、说明任务之间的依赖关系（调度）、分配资源（组织）、指导团队工作（指导）、监督和控制进展（控制）、评估项目结果和经验（项目结束）。

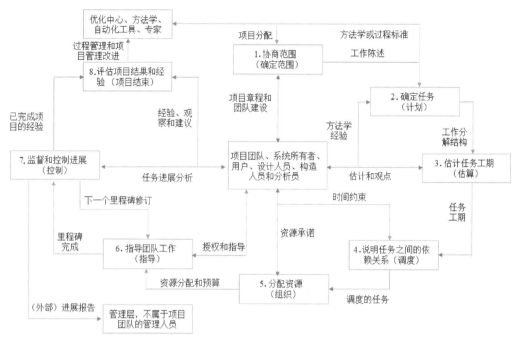

图 12-4　IT 项目管理过程组

值得注意的是，影响 IT 项目管理结果的关键因素主要有 8 个，分别是目标与范围、技术、监控与反馈、项目计划、客户的参与程度、项目团队的积极性、项目管理的过程、领导的支持。

12.1.3　IT 项目管理体系

IT 项目管理体系主要包括 6 个阶段、4 个方面，不同的阶段有着不同的流程，如图 12-5 所示。

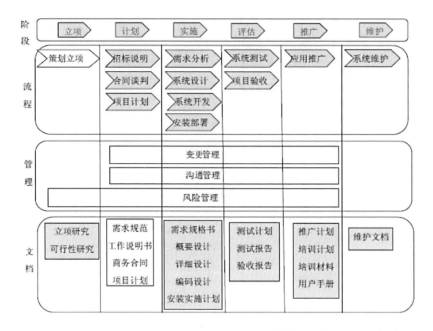

图 12-5　IT 项目管理体系

12.1.4　IT 项目管理的难点

在 IT 项目管理过程中，存在着很多难点，IT 项目规划就是其中之一。很多人即便花费很多心血用于规划，也很难达到预期的效果。下面我们了解一下在 IT 项目规划方面主要存在哪些难点。

1）技术更新换代速度快

目前，信息化技术发展迅速，而项目完成需要一定的时间，因此形成 IT 项目规划后无法满足企业需求的状况。

2）市场与需求的变化

不仅仅是信息技术的变化，市场与需求也在不断变化之中，因此 IT 项目规划也需要不断改变，不能墨守成规。

3）专业人才的缺乏

在 IT 项目规划的过程中，需要有对企业管理、业务流程、信息化建设等方面系统了解的专业人才，但是同时对这些都有了解的专业人才非常少。

要想克服这些难点，IT 项目规划人员需要注意几个关键点，分别是与企业战略相符、各部门共同支持参与、形成管理闭环、从核心基础项目入手、不断完善 IT 管理体制、选择最匹配而非最先进的技术、借助外部咨询公司的力量。

12.2　科研制造：研发项目管理

随着经济的快速发展，企业的竞争日益激烈，为了在竞争中脱颖而出，各大企业都在不断加大产品研发的投入，不断提高企业的核心竞争力。图 12-6 所示为市场、研发、销售的关系。但是产品研发有着失败率高、成本高等特点，因此要规避这些风险，就需要企业做好研发项目管理，从而保证新产品研发项目能够顺利进行。本节我们来了解一下研发项目管理的相关情况。

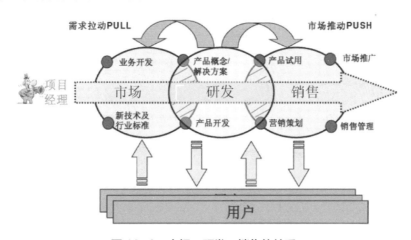

图 12-6　市场、研发、销售的关系

12.2.1　研发项目分类

根据项目的特点，可以将研发项目分为 3 类，分别是产品开发、技术研究、平台开发，具体内容如下。

1. 产品开发

产品开发主要是以中短期需求为基础，企业通过投入相应的人力、物力研发的产品项目。值得注意的是，产品开发项目可以分为两类，一类是新产品，另一类是产品改进，具体内容如图 12-7 所示。

2. 技术研究

技术研究项目主要是以跟踪关键技术研究并开发新产品为目的的项目。技术研究项目的产品是不直接销售的。技术研究主要分为预研项目和软课题项目，如图 12-8 所示。

项目	描述
新产品	针对新技术或者新领域的产品开发项目：按产品开发流程进行
产品改进	在公司原有产品的基础上进行开发，与原有产品或在研项目版本的关系可以是并行，也可以是替代关系。在产品开发流程的基础上进行裁减

图 12-7　产品开发的类型

项目	描述
预研	针对某一关键技术的研究，最终交付物是实物（样品或模块或代码），为今后产品化打基础。按技术开发流程进行
软课题	为了跟踪研究新技术或验证关键技术，进行相关的理论研究和实验过程，提出有价值的理论研究成果，后期一般应有实践检验阶段。按技术开发流程进行

图 12-8　技术研究的类型

3．平台开发

平台开发是指对某一类公用技术的开发。一般来说，平台开发是不直接产出产品的，而是为其他产品提供技术资源共享。平台开发主要分为 3 类，分别是产品平台开发、公用技术平台开发、平台改进，如图 12-9 所示。

项目	描述
产品平台开发	产品平台是系列产品的基础模块资源的集合，是构造产品系列的公共技术基础，基于产品平台可以高效地开发出一系列产品。对产品平台进行适当的修改，又可以开发出瞄准特定市场需求的新产品系列。按产品开发流程进行（到样品结束）
公用技术平台开发	针对特定的公用技术的开发，为多个产品服务。按技术开发流程进行
平台改进	根据客户需求，对上述两类平台改进。在相应开发流程的基础上进行裁减

图 12-9　平台开发的类型

12.2.2　研发项目管理的相关文件

研发项目管理时，项目管理层一般都会制定相关的制度政策，如研发项目管理制度、研发项目立项书、研发项目验收报告等，下面我们来了解一下研发项目管理制度和研发项目立项书。

1．研发项目管理制度

一般来说，在研发项目刚开始时，企业都会制定一份研发项目管理制度，如图 12-10 所示。值得注意的是，研发项目管理制度主要包括工作目的及适用范围、制度说明、项目立项、项目验收等内容。

研发项目管理制度

为加强和完善公司研发项目的管理，确保各项研发工作持续、健康和高效地开展，为公司的长期发展提供保障，特制定本制度。

1. 工作目的及适用范围

1.1 工作目的

1.1.1 公司大型锻件研发工作旨在不断提高研发人员的研发能力，调动全体研发人员的积极性，降低项目开发过程中的成本和风险，使公司各项研发项目管理规范化、科学化和制度化。

1.2 工作适用范围

1.2.1 公司研发项目管理适用于所有装备技术研发、产品研发项目的管理，涉及项目的人力、物力和相关资源的管理。

2. 制度说明

2.1 内容说明

2.1.1 项目立项：对项目的开发计划进行总体规划；

2.1.2 项目实施：对项目开发过程的监控；

2.1.3 项目验收：对项目实施后达成的效果进行确认

图 12-10　研发项目管理制度

2. 研发项目立项书

一个项目都需要完成一个项目立项书。不同的研发项目，不同的审批部门，立项书也是不同的。图 12-11 所示为某公司的研发项目立项书。

*** 有限公司

研发项目立项书

项 目 名 称：________________

申 报 部 门：________________

申 报 日 期：________________

批准（盖章）：________________

一、研发项目基本情况表

项目名称			
项目起止时间			
项目类型	□自主研发	□委托研发	□合作研发
技术来源	□自有技术 □高校、院所产学研合作项目	□引进技术后消化再创新	□其他企业技术
项目开发形式	□新产品 □引进技术的消化、吸收和创新	□新技术	□新工艺

二、项目概况

1. 国内外现状、水平和发展趋势

2. 研发的目的和意义

三、研发内容和目标

图 12-11　某公司的研发项目立项书

创新对于一个研发项目来说非常重要。图 12-12 所示为微笑曲线，从图中可以看出，要想提高产品的附加值，最重要的是要做好产品的研发创新和品牌升级。如果不做好产品的研发创新，就只能做代理、代工，这样企业和项目都不会长久。

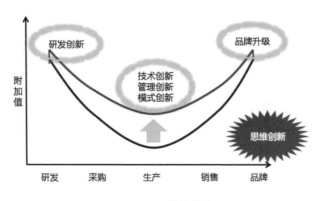

图 12-12　微笑曲线

12.3　地产行业：工程项目管理

工程项目是目前最为普遍的项目类型，其既可以是一个单独的工程，也可以是一个系统的群体工程。本节我们来了解一下工程项目的基本情况。

12.3.1　工程项目

工程项目既有项目的基本特征，也有其独特的特征，如生产的流动性、露天性、耐用期限长、整体功能强等。下面我们来了解一下工程项目的种类、生命周期，以及现代工程项目。

1. 工程项目的种类

工程项目分很多种，从不同的角度可以将其分为不同的类型，具体内容如下。
- 根据专业划分，可以将工程项目划分为建筑工程项目、公路工程项目、水电工程项目。
- 根据建设性质划分，可以将工程项目划分为新建项目、扩建项目、改建项目、恢复项目、迁建项目。
- 根据行业的性质和特点，可以将工程项目划分为竞争性项目、基础性项目和公益性项目。

此外，工程项目还可以根据投资来源、管理者的不同和经济类型划分。

2. 工程项目的生命周期

美国项目管理协会出版的《项目管理知识体系指南》一书中将建筑工程项目分为 4 个阶段，分别是项目可行性研究阶段、规划和设计阶段、施工阶段、安装和启用阶段，如图 12-13 所示。

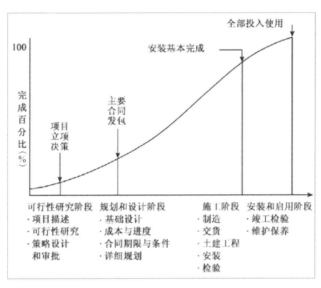

图 12-13　建筑工程项目的生命周期

3. 现代工程项目

现代工程项目具有规模日益庞大、技术资金密集型、项目风险日趋增大等特征。图 12-14 所示为吉隆坡世界第一双塔。该建筑为超高层建筑，在实施时面临的风险是非常大的。

图 12-14　吉隆坡世界第一双塔

此外，现代工程项目由于建设规模的扩大，商务纠纷也在不断增加。例如，在某城市的地铁项目中，业主为避免商务纠纷曾签订了 4000 多份合同。

12.3.2 工程项目管理

工程项目管理是一门科学，其理论、原理、方法等都被人们熟知，并形成了规范和标准。目前，工程项目管理被广泛运用于工程项目中。下面，我们来了解一下工程项目管理的情况。

1. 工程项目管理的内容

工程项目管理的内容主要包括 7 个方面，分别是建立项目管理组织、编制项目管理规划、项目目标控制、优化配置并管理项目现场的生产要素、项目的合同管理、项目的信息管理、组织协调。

其中，管理生产要素主要包括 3 个方面，分别是分析项目各项生产要素的特点、优化配置生产要素并对其进行评价、动态管理项目中的各项生产要素。

2. 工程项目建设的程序

工程项目建设的程序主要是指在整个建设过程中，各项工作必须要遵循的先后顺序和相互关系。各国工程项目建设的程序都有一定的差异，我国工程项目建设的程序主要分为 6 个阶段，如图 12-16 所示。

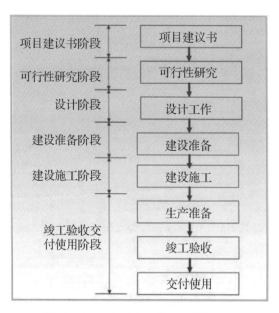

图 12-15　我国工程项目建设的程序

3. 工程项目管理的过程

工程项目管理的过程依次为提出问题、规划、决策、实施和检查，如图 12-16 所示。

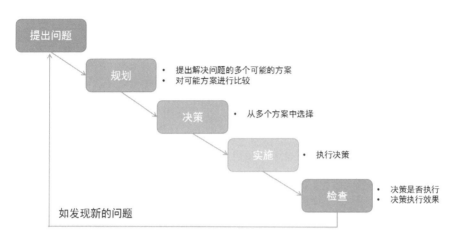

图 12-16　工程项目管理的过程

4. 工程项目管理的职能

工程项目管理有八大职能，分别是策划职能、决策职能、计划职能、组织职能、控制职能、协调职能、指挥职能、监督职能，具体内容如下。

1）策划职能

工程项目策划属于项目的概念阶段，也是项目概念阶段的主要工作，其结果是其他各个阶段活动的总纲。

2）决策职能

决策是以工程项目策划为基础，通过调查研究、比较分析等活动，得出结论性意见并将其付诸行动的过程。

3）计划职能

计划职能是目标控制的依据和方向，能够决定项目的执行步骤、项目的起止时间、最终目标等。

4）组织职能

组织职能是项目管理人员按照项目计划控制项目目标的一种手段，是通过建立以项目经理为中心的组织来保证系统的实现。

5）控制职能

与其他职能相比，控制职能是最为活跃的一个职能。其作用在于保证计划和确定目标的实现。

6）协调职能

协调职能在于协调，是指在控制的过程中协调各方的关系，解决矛盾，使控制职能能够充分地发挥作用。

7）指挥职能

指挥职能是其他职能所不能替代的，是管理的动力和灵魂。工程项目需要一个组织进行管理，组织中必须要有负责人，而负责人就行使指挥职能。

8）监督职能

监督主要是为了保证项目合法合规，主要包括内部监督、外部监督，具体的方式有自我监督、领导监督、司法监督等。

12.3.3 工程项目管理的难点

工程项目管理的难点有以下 3 个方面。

1. 风险管控

工程项目管理不仅仅是对一个环节、一个阶段进行管理，而是对整个项目进行管理，是一个系统的工程。工程的规模越大，项目的复杂程度越高，项目管理的难度也越大，而且项目中各参与方之间，参与方与外界之间还存在着协调的风险，工程项目中工作人员的能力、责任心等都会影响项目进度。

2. 不可预见的因素多

一些项目的建设周期长，那么各个阶段中不可预见的因素便会增加。而且，在工程项目管理过程中，大多数面临的都是异常的、不可预见的因素，这些因素的出现极大地增加了管理的难度。

3. 索赔

在工程项目风险管理中，索赔是非常重要的一环。任何项目都可以索赔，因此在项目管理过程中要保护好自己的权益，同时也要根据合同约定做好自己应该做的工作，防止甲方反索赔。

12.3.4 工程项目管理新发展

近年来，建筑工程项目管理在不断发展，其中主要表现在理念和方法两个方面，下面我们来了解一下建筑工程项目管理的发展情况。

1. 新理念

建筑工程项目管理的新理念主要包括 3 个方面，分别是可持续发展理念、以人为本和新的价值观念。

1）可持续发展理念

近年来，随着温室效应的不断加剧，二氧化碳的排放过多，全球越来越关注可持续发展这一话题。并且建筑行业是二氧化碳排放较多的行业之一，因此在建筑工程项目管理方面，为了更好地实现项目的可持续发展，管理人员通过利用各种清洁技术来管理项目，以及利用更多的可再生能源来满足社会的资源和能源需求。

2）以人为本

不管是什么项目，其最终的目的都是人在使用，为人服务。近年来，以人为本的理念不断加深，对建筑工程项目管理也有一定的影响。建筑工程项目终究还是人来管理，以人为本的理念主要是围绕激发和调动人的积极主动性来开展管理活动。

3）新的价值观念

在建筑工程项目管理方面，不断涌现了新的价值观念，而这些价值观念引起的安全、健康、公平等问题也受到了大家的关注。

2. 新方法

建筑工程项目的管理方法也在不断发展，目前出现了许多新的方法，如精益建造、承包模式创新、虚拟施工等，具体内容如下。

1）精益建造

精益建造是指将精益的思想应用在建筑业，从而实现建筑行业利润的最大化。精益建造不仅能够最大限度地实现资源的有效利用，提高生产效率，还能更好地保证工程项目达到预定的目标。图 12-17 所示为精益建造的核心内涵。

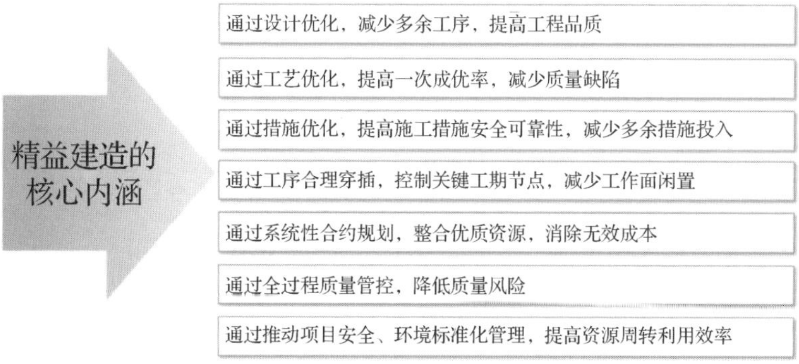

精益建造的核心内涵
- 通过设计优化，减少多余工序，提高工程品质
- 通过工艺优化，提高一次成优率，减少质量缺陷
- 通过措施优化，提高施工措施安全可靠性，减少多余措施投入
- 通过工序合理穿插，控制关键工期节点，减少工作面闲置
- 通过系统性合约规划，整合优质资源，消除无效成本
- 通过全过程质量管控，降低质量风险
- 通过推动项目安全、环境标准化管理，提高资源周转利用效率

图 12-17 精益建造的核心内涵

与其他的生产方式相比，精益建造有以下 3 点优势。

- 新产品的开发周期至少缩短一半。
- 不管是产品开发、生产系统，还是其他部门所需要的人力资源最低都能减少

50%。
- 工厂占用空间以及成品库存都分别减少 50%、25%。

2）承包模式创新

随着项目管理的发展，承包模式也在不断创新，衍生新的模式。此外，在建筑工程项目的前期、后期也都有着承包商的干预，这样能够有效提高效率。

3）虚拟施工

虚拟施工是指利用相关技术模拟建造一个建筑工程项目。这种方式能够在不消耗资源的情况下，清楚地了解施工的过程和结果，能够极大地降低项目的管理成本和返工成本，从而减少项目的风险。图 12-18 所示为高桩码头施工虚拟仿真系统。

图 12-18　高桩码头施工虚拟仿真系统